RIQUEZA ENCRIPTADA

RICARDO EDUARDO GRANJA AGUILAR

Contenido

Introducción

En una era definida por la constante evolución tecnológica, la independencia económica parece un horizonte tanto prometedor como esquivo. Las tecnologías emergentes no son simplemente herramientas; se han convertido en los pilares fundamentales de nuevas economías, cambiando no solo cómo vivimos, sino también cómo generamos y manejamos la riqueza. En este libro, nos embarcaremos en un viaje a través del paisaje digital contemporáneo para descubrir cómo la confluencia de la innovación, la información y la conectividad puede ser la llave maestra para desbloquear la libertad financiera.

Desde la automatización y la inteligencia artificial hasta la blockchain y la economía Gig, exploraremos cómo las nuevas tecnologías están reconfigurando el concepto de trabajo, inversión y emprendimiento. Este no es un manual convencional sobre finanzas personales; es una brújula para navegar en la economía del siglo XXI, un mapa que muestra cómo las rutas hacia la independencia económica han cambiado radicalmente.

Los lectores serán equipados con el conocimiento para aprovechar estas tecnologías en beneficio de su autonomía financiera. Cada capítulo desentraña un aspecto de la tecnología moderna y cómo se puede aplicar para construir, incrementar y preservar la riqueza. A través de un lenguaje claro, casos prácticos y estrategias probadas, revelaremos cómo puedes utilizar estas herramientas para escribir tu propio guion económico, uno en el que tú tienes el control creativo y financiero.

Así que, ya seas un emprendedor en ciernes, un inversor digital o simplemente alguien que busca mayor seguridad y autonomía en un mundo económico que cambia rápidamente, este libro está diseñado para ayudarte a entender y a aprovechar las oportunidades que las nuevas tecnologías presentes. Prepárate para desbloquear tu potencial económico y acometer el camino hacia una libertad financiera sostenible y tecnológicamente habilitada. Bienvenidos a la revolución digital de la independencia económica.

La intención y el propósito del libro sobre cómo lograr la independencia económica utilizando las nuevas tecnologías pueden establecerse como sigue:

Intención del Libro:

Educar y empoderar a los lectores proporcionando conocimientos detallados y prácticos sobre cómo las nuevas tecnologías pueden ser una herramienta poderosa para alcanzar y sostener la independencia económica. El libro pretende cerrar la brecha entre la comprensión teórica de las tecnologías emergentes y la aplicación práctica de estas herramientas para mejorar la salud financiera y la autonomía de los individuos.

Propósito del Libro:

1. **Informar:** Proveer a los lectores información actualizada y relevante sobre las últimas tecnologías y cómo estas están modelando el panorama económico y las oportunidades financieras.

2. **Guiar:** Ofrecer un camino estructurado y estratégico para que los individuos utilicen la tecnología con el fin de generar ingresos, ya sea mediante el empleo, la inversión, el emprendimiento o la creación de contenidos digitales.

3. **Inspirar:** Motivar a los lectores a tomar acción basada en historias de éxito y estudios de caso que ilustren cómo otros han logrado la independencia económica a través de la adaptación tecnológica.

4. **Equipar:** Dotar a los lectores de las habilidades y conocimientos necesarios para navegar por el cambiante panorama tecnológico, minimizar los riesgos y maximizar las ventajas.

5. **Adaptar:** Ayudar a los lectores a comprender la importancia de la flexibilidad y la adaptabilidad en la economía digital y cómo prepararse para el futuro.

6. **Transformar:** Fomentar un cambio en la mentalidad de los lectores de un enfoque de trabajo tradicional a uno que abrace la tecnología como medio para alcanzar y mantener la independencia financiera.

El libro debe ser una combinación de teoría y práctica, proveyendo no sólo el "qué" y el "por qué", sino también el "cómo" mediante ejemplos prácticos, consejos aplicables y recursos para la acción. De esta manera, el libro no solo se convierte en una fuente de conocimiento, sino también en una herramienta efectiva para el cambio personal y profesional hacia la independencia económica.

Independencia económica:

Se refiere al estado en el cual una persona o grupo tiene la libertad financiera para tomar decisiones de vida sin estar limitados por la necesidad de obtener ingresos para cubrir sus gastos esenciales. Significa tener suficientes recursos financieros para vivir sin la obligación de trabajar por necesidad. A continuación, se detallan algunos aspectos clave de la independencia económica:

1. **Suficiencia de Ingresos Pasivos o Inversiones:** La persona tiene suficientes ingresos provenientes de fuentes pasivas, como inversiones, rentas inmobiliarias, dividendos de acciones, intereses, o negocios que no requieren su participación activa, para cubrir sus gastos de vida.

2. **Libertad de Tiempo:** La independencia económica suele ir acompañada de una mayor libertad para elegir cómo y en qué se invierte el tiempo. Los individuos pueden optar por trabajar, pero lo hacen por elección y no por necesidad económica.

3. **Seguridad Financiera a Largo Plazo:** No se trata solo de cubrir las necesidades actuales, sino también de haber planeado y asegurado los recursos para el futuro, incluyendo la jubilación, emergencias y otros imprevistos financieros.

4. **Ausencia de Deudas Insostenibles:** Una persona financieramente independiente generalmente tiene poco o ningún endeudamiento, o tiene deudas que pueden ser fácilmente manejadas y pagadas con sus activos actuales.

5. **Capacidad de Elección:** La independencia económica permite a las personas hacer elecciones de vida basadas en sus deseos y pasiones más que en sus necesidades económicas. Esto incluye la capacidad de tomar decisiones como cambiar de carrera, iniciar un negocio o retirarse temprano.

6. **Resiliencia Económica:** La habilidad de soportar y adaptarse a cambios económicos o personales sin que ello afecte de manera significativa el estilo de vida.

La independencia económica es un concepto subjetivo y puede variar ampliamente entre individuos dependiendo de sus objetivos de vida, necesidades, deseos, y el nivel de comodidad financiera que cada uno aspira a alcanzar.

Que son las nuevas tecnologías y sus relevancias.

Las nuevas tecnologías desempeñan un papel fundamental en la configuración de la economía moderna. Su relevancia se extiende a través de diversas dimensiones, que incluyen la creación de empleo, la eficiencia operativa, la innovación de productos y servicios, y la redefinición de modelos de negocio enteros. Aquí se detallan algunos de los aspectos clave:

1. **Automatización y Eficiencia:** Las tecnologías modernas, como la inteligencia artificial (IA) y la robótica, están permitiendo la automatización de tareas repetitivas, lo que aumenta la eficiencia y la productividad de las empresas. Esto, a su vez, puede conducir a la reducción de costos y precios más bajos para los consumidores.

2. **Acceso al Mercado y Globalización:** La tecnología ha facilitado el acceso a los mercados internacionales tanto para grandes empresas como para pequeños emprendedores. Plataformas de comercio electrónico y servicios en la nube permiten que incluso las startups puedan tener un alcance global desde el primer día

3. **Transformación Digital:** La adopción de nuevas tecnologías ha llevado a la transformación digital de negocios en todas las industrias. Esto implica no solo la presencia en línea sino también el uso de datos y analítica para la toma de decisiones estratégicas.

4. **Cadenas de Suministro:** Con tecnologías como el Internet de las Cosas (IoT), las empresas pueden rastrear y gestionar sus cadenas de suministro en tiempo real, lo que mejora la eficiencia, reduce los riesgos y permite una respuesta rápida a los cambios en la demanda.

5. **Finanzas y Pagos:** La tecnología ha revolucionado las finanzas con el desarrollo de criptomonedas, plataformas de pago móvil, banca en línea y fintech. Esto ha facilitado la inclusión financiera y la agilización de transacciones tanto a nivel personal como empresarial.

6. **Innovación y Nuevos Productos:** Las tecnologías emergentes permiten la creación de nuevos productos y servicios que antes no eran posibles. Por ejemplo, la realidad aumentada (AR) y la realidad virtual (VR) están creando nuevas experiencias en el entretenimiento y la educación.

7. **Economía del Conocimiento:** El rápido crecimiento de la economía del conocimiento, alimentado por la tecnología, ha aumentado la demanda de trabajadores con habilidades especializadas y ha conducido a una mayor valoración de los activos intangibles como la propiedad intelectual.

8. **Sostenibilidad y Energía:** Las nuevas tecnologías están ayudando a hacer frente a los desafíos globales como el cambio climático a través de energías renovables, eficiencia energética y tecnologías de captura de carbono.

9. **Trabajo Remoto y Flexibilidad:** La tecnología ha hecho posible el trabajo remoto y flexible, una tendencia que ha ganado una adopción masiva especialmente impulsada por la pandemia de COVID-19.

10. **Cambios en el Empleo:** Si bien la tecnología puede desplazar ciertos tipos de empleo, también crea nuevas oportunidades de trabajo y exige nuevas habilidades, lo que lleva a una evolución constante del mercado laboral.

Comprensión de las Nuevas Tecnologías

Descripción de las nuevas tecnologías (Blockchain, IA, Internet de las cosas, etc.)

Las nuevas tecnologías como Blockchain, Inteligencia Artificial (IA) e Internet de las Cosas (IoT) son fundamentales en la transformación de diversas industrias y prácticas comerciales. A continuación, se presenta una descripción general de cada una de ellas:

Blockchain:

Blockchain es una tecnología de registro distribuido que permite la creación de un libro de contabilidad digital descentralizado y seguro. Cada "bloque" en la cadena contiene una serie de transacciones, y cada vez que se añade una nueva transacción, se crea un registro permanente e inalterable. La tecnología Blockchain es fundamental para criptomonedas como Bitcoin, pero sus aplicaciones van más allá, incluyendo contratos inteligentes, cadena de suministros, votación digital y más. Ofrece transparencia, seguridad y eficiencia, eliminando a menudo la necesidad de intermediarios.

Inteligencia Artificial (IA):

La IA es el campo de estudio que permite a las máquinas aprender de la experiencia, ajustarse a nuevas entradas y realizar tareas humanas. Con modernos avances en aprendizaje automático y redes neuronales, la IA puede procesar grandes cantidades de datos a velocidades inimaginables para los humanos. Sus aplicaciones son amplias, desde sistemas de recomendación personalizados y asistentes virtuales hasta diagnósticos médicos avanzados y sistemas de conducción autónoma.

Internet de las Cosas (IoT):

El IoT se refiere a la red interconectada de dispositivos físicos que están equipados con sensores, software y otras tecnologías con el propósito de intercambiar datos con otros dispositivos y sistemas a través de Internet. Estos dispositivos pueden variar desde electrodomésticos comunes hasta componentes industriales sofisticados. El IoT puede aumentar la eficiencia operativa, mejorar la seguridad, optimizar el uso de recursos y ofrecer una experiencia de usuario personalizada.

Además de estas tecnologías, hay otras igualmente relevantes en la economía moderna:

Computación en la Nube:

La computación en la nube proporciona acceso a recursos informáticos (como servidores, almacenamiento, bases de datos, redes, software) a través de Internet ("la nube") a una escala flexible y bajo demanda. Esto permite a las empresas y a los usuarios finales utilizar aplicaciones y almacenar datos sin tener que invertir en la infraestructura física subyacente.

Realidad Aumentada (AR) y Realidad Virtual (VR):

La AR y la VR están redefiniendo las interacciones humanas con el mundo digital. La AR superpone información digital en el mundo real, mientras que la VR crea un entorno completamente inmersivo. Estas tecnologías tienen aplicaciones en educación, entretenimiento, medicina, diseño de productos y marketing.

Big Data y Analítica:

El análisis de grandes conjuntos de datos (Big Data) permite a las organizaciones detectar patrones, tendencias y asociaciones, especialmente en relación con el comportamiento humano y las interacciones. Esto puede conducir a decisiones empresariales más informadas y estrategias personalizadas de cliente.

Robótica y Automatización:

Estas tecnologías permiten la automatización de procesos industriales y empresariales, lo que puede mejorar la eficiencia y reducir los costos de mano de obra. También abren nuevas posibilidades en áreas como la cirugía, la exploración espacial y el cuidado personal.

Estas tecnologías, combinadas, están creando una infraestructura para una economía radicalmente nueva, caracterizada por la rapidez, la personalización, la eficiencia y, en última instancia, la transformación de cómo vivimos, trabajamos y nos relacionamos entre nosotros y con el entorno.

Impacto de estas tecnologías en diferentes industrias

Las nuevas tecnologías tienen un impacto profundo y amplio en diversas industrias. A continuación, se describen algunos ejemplos de cómo estas tecnologías están redefiniendo sectores específicos:

1. Finanzas y Banca:

- **Blockchain** está transformando el sector financiero al posibilitar transacciones más seguras, transparentes y rápidas. También está detrás de la creación de criptomonedas y facilita la tokenización de activos, lo que permite una mayor liquidez y un nuevo universo de posibilidades en finanzas descentralizadas (DeFi).

- **IA** y el **Big Data** están siendo utilizados para el análisis predictivo de mercados, la gestión de riesgos personalizada, el trading automatizado y en los chatbots de atención al cliente.

- **Automatización** mediante robótica procesal y aprendizaje automático está reduciendo la necesidad de mano de obra para tareas repetitivas y aumentando la eficiencia operativa.

2. Salud:

- **IA** está revolucionando la capacidad diagnóstica con la interpretación más rápida y precisa de imágenes médicas y datos de pacientes.

- **IoT** en dispositivos médicos conectados está permitiendo el monitoreo remoto de pacientes y el manejo de condiciones crónicas.

- **Blockchain** puede mejorar la seguridad y la trazabilidad en la gestión de registros médicos y en la cadena de suministro de medicamentos.

3. Comercio Minorista y E-Commerce:

- **IoT** permite a los comerciantes mejorar la experiencia en tienda con inventarios inteligentes y personalización de ofertas en tiempo real.

- **IA** ofrece una experiencia de compra personalizada en línea a través de sistemas de recomendación y chatbots inteligentes.

- **Blockchain** asegura las transacciones y facilita los contratos inteligentes para pagos automatizados y garantías de productos.

4. Manufactura y Logística:

- **Automatización** y **Robótica** incrementan la eficiencia en las líneas de producción y reducen el tiempo de inactividad con mantenimiento predictivo.

- **IoT** ayuda a optimizar la cadena de suministro y el seguimiento de inventarios.

- **Blockchain** puede proporcionar una visibilidad completa y confiable de la procedencia de los productos a lo largo de toda la cadena de suministro.

5. Agricultura:

- **IoT** se utiliza para monitorear las condiciones del cultivo y el ganado, maximizando la eficiencia del uso del agua y la nutrición.

- **Drones y robots** ayudan en la recolección de datos, siembra y cosecha, y pueden llevar a cabo la fumigación de precisión.

6. Energía:

- **Blockchain** facilita la creación de mercados descentralizados de energía, permitiendo a los consumidores comprar y vender energía de manera eficiente.

- **IoT** ayuda en la gestión de redes inteligentes que optimizan la distribución de energía en función de la demanda en tiempo real.

- **IA** pronostica la demanda y optimiza la generación y distribución de energía.

7. Educación:

- **Realidad Virtual (VR)** y **Realidad Aumentada (AR)** ofrecen experiencias de aprendizaje inmersivas y prácticas.

- **IA** personaliza el aprendizaje al adaptar el contenido a las necesidades de cada estudiante.

- **Blockchain** puede usarse para verificar logros académicos y certificaciones.

8. Transporte y Automotriz:

- **Vehículos autónomos** se basan en la **IA** y sensores **IoT** para su funcionamiento, lo que podría reducir significativamente los accidentes de tráfico.

- **Blockchain** puede ser utilizado para la logística transparente y la gestión de flotas.

- **Electrificación de vehículos** y tecnologías de **baterías** están cambiando la industria automotriz hacia la sostenibilidad.

9. Entretenimiento y Medios:

- **Streaming con IA** recomienda contenido basado en preferencias previas.

- **AR y VR** proporcionan experiencias de entretenimiento inmersivas.

- **Blockchain** permite nuevos modelos de monetización y derechos de autor para creadores de contenido.

10. Seguridad y Defensa:

- **IA** mejora la vigilancia a través del reconocimiento facial y el análisis de situaciones en tiempo real.

- **IoT** permite la comunicación entre dispositivos para sistemas de defensa integrados.

- **Blockchain** puede asegurar la comunicación y la transferencia de datos sensibles.

En resumen, estas tecnologías están llevando a las industrias hacia una eficiencia sin precedentes, nuevas formas de interacción con los consumidores, y modos de producción y servicios más inteligentes y conectados. A medida que continúan madurando y convergiendo, es probable que impulsen aún más la innovación y la reinvención en todos los sectores económico.

Casos de estudio y ejemplos de éxito.

Los casos de estudio y ejemplos de éxito en el uso de nuevas tecnologías son abundantes y varían desde startups disruptivas hasta grandes empresas consolidadas que han sabido adaptarse a la era digital. A continuación, se presentan algunos ejemplos notables:

1. Blockchain en Finanzas:

Ejemplo: Ripple y su solución de pagos globales xRapid utilizan la tecnología de Blockchain para facilitar transferencias internacionales de dinero en tiempo real con liquidez bajo demanda, reduciendo costos y tiempos de transacción.

2. Inteligencia Artificial en Salud:

Ejemplo: Google DeepMind Health ha colaborado con el NHS del Reino Unido para mejorar la detección de enfermedades oculares, analizando millones de escaneos rápidamente y con alta precisión.

3. Internet de las Cosas en Agricultura:

Ejemplo: John Deere implementa IoT y tecnología de GPS en sus tractores y otros equipos para permitir la agricultura de precisión, optimizando así el rendimiento de las cosechas y reduciendo los costes.

4. Automatización en Manufactura:

Ejemplo: Tesla, en su fábrica Gigafactory, utiliza robots avanzados para automatizar la producción de baterías y vehículos eléctricos, lo que aumenta la producción y mantiene altos estándares de calidad.

5. Computación en la Nube en Entretenimiento:

Ejemplo: Netflix utiliza la nube de Amazon Web Services (AWS) para hospedar su enorme catálogo de contenido y gestionar picos de demanda sin problemas, garantizando una experiencia de usuario fluida a nivel mundial.

6. Realidad Virtual y Aumentada en Educación:

Ejemplo: zSpace ofrece experiencias educativas con AR y VR, permitiendo a los estudiantes de ciencia visualizar conceptos complejos en un entorno tridimensional interactivo.

7. Big Data en Comercio Minorista:

Ejemplo: Walmart utiliza el análisis de Big Data para optimizar la gestión de inventario y personalizar las experiencias de compra, tanto en línea como en tiendas físicas.

8. Robótica en Logística:

Ejemplo: Amazon Robótica utiliza robots en sus centros de cumplimiento para transportar productos y automatizar el picking y packing, lo que aumenta la eficiencia y acelera el proceso de entrega.

9. Plataformas de Energía Descentralizadas:

Ejemplo: Brooklyn Microgrid, un proyecto que utiliza la tecnología Blockchain para permitir a los usuarios comprar y vender energía renovable generada localmente dentro de una comunidad, promoviendo la sostenibilidad y la resiliencia energética.

10. Transporte Autónomo:

Ejemplo: Waymo (proyecto de Alphabet Inc.) está a la vanguardia en el desarrollo de tecnología de vehículos autónomos, habiendo completado millones de millas en pruebas de carreteras públicas y lanzado un servicio de taxi autónomo en áreas limitadas.

Estos ejemplos no solo muestran la viabilidad de las nuevas tecnologías en diversas industrias sino también cómo su implementación puede conducir a una mejora significativa en la eficiencia, la reducción de costos, y la creación de nuevas oportunidades de mercado y modelos de negocio. Sin embargo, también es importante señalar que cada caso de éxito viene acompañado de desafíos en términos de regulación, adopción y adaptación cultural que deben ser gestionados adecuadamente.

Que es la economía Gig

La economía Gig, también conocida como economía de trabajos esporádicos o economía bajo demanda, se refiere a un mercado laboral caracterizado por la prevalencia de contratos a corto plazo o trabajos freelance, en lugar de empleos permanentes. "Gig" es un término que proviene del argot de los músicos, referido a una actuación puntual o temporal. De manera similar, en la economía Gig, el trabajo se reduce a tareas individuales o "Gigs" que se realizan por trabajadores independientes o autónomos.

Características de la Economía Gig

- **Flexibilidad Laboral**: Los trabajadores pueden elegir cuándo, dónde y cuánto trabajan.

- **Autonomía**: Los trabajadores actúan como contratistas independientes en lugar de empleados a largo plazo de una empresa.

- **Pago por Tarea**: El pago suele ser por proyecto o tarea en lugar de un salario fijo.

- **Intermediación Tecnológica**: Las plataformas en línea y aplicaciones móviles suelen ser los medios que conectan a los trabajadores con los clientes o trabajos.

Ventajas y Desafíos

Ventajas:

- Mayor flexibilidad y autonomía para los trabajadores.

- Posibilidad de complementar ingresos.

- Oportunidades para trabajar con múltiples clientes o en diversos proyectos.

Desafíos:

- Menor seguridad laboral y ausencia de beneficios asociados con el empleo tradicional (seguro médico, vacaciones pagadas, pensiones, etc.).

- Ingreso irregular y falta de protecciones laborales.

Ejemplos de Economía Gig

- **Plataformas de Transporte**: Uber y Lyft donde los conductores eligen cuándo y dónde trabajar.

- **Entrega de Alimentos**: Servicios como DoorDash y Deliveroo permiten a los repartidores trabajar de manera flexible.

- **Freelancing**: Sitios como Upwork y Fiverr conectan freelancers con proyectos en áreas como redacción, diseño gráfico y programación.

- **Servicios Domésticos y Reparaciones**: Plataformas como TaskRabbit o Handy conectan a profesionales con personas que necesitan ayuda con tareas domésticas o reparaciones menores.

- **Alojamiento Temporal**: Sitios como Airbnb permiten que las personas alquilen sus propias viviendas como alojamiento a corto plazo para viajeros.

- **Cuidado Personal y Belleza**: Aplicaciones como StyleSeat ofrecen a los profesionales de la belleza y la peluquería la capacidad de ofrecer sus servicios a domicilio o en salones asociados.

- **Cuidado de Mascotas y Paseo de Perros**: Plataformas como Rover o Wag conectan a dueños de mascotas con cuidadores y paseadores de perros.

- **Tutoría y Enseñanza Online**: Sitios web como VIPKid y Chegg Tutors permiten a educadores enseñar o tutorizar estudiantes en línea en una variedad de materia

- **Artes y Artesanías**: Mercados en línea como Etsy permiten a los artesanos y creadores vender productos hechos a mano o vintage directamente a los consumidores.

- **Consultoría y Asesoría**: Profesionales en diversas áreas como negocios, marketing, finanzas, o tecnología pueden ofrecer sus servicios de consultoría a través de plataformas digitales o de forma independiente.

- **Producción y Edición Multimedia**: Con el auge del contenido digital, hay una demanda creciente de servicios de edición de video, producción de música y podcasting que se pueden ofrecer de forma independiente.

- **Eventos y Entretenimiento**: DJs, músicos, fotógrafos y planificadores de eventos pueden encontrar Gigs para bodas, fiestas y eventos corporativos a través de plataformas especializadas.

La economía Gig ha experimentado un crecimiento significativo con el avance de las tecnologías digitales y se ha convertido en una parte integral de la economía moderna. Aunque brinda oportunidades de ingresos y trabajo flexibles para muchos, también ha suscitado debates sobre la necesidad de regulaciones laborales para proteger a los trabajadores de este sector.

Fundamentos Financieros para la Independencia Económica

Educación financiera básica (presupuesto, ahorro e inversión).

La educación financiera es una habilidad fundamental que permite a las personas tomar decisiones informadas sobre la gestión de su dinero. Aquí se detallan los conceptos básicos de presupuesto, ahorro e inversión:

Presupuesto:

Un presupuesto es una herramienta de planificación financiera que detalla dónde se gana el dinero (ingresos) y cómo se gasta (gastos). Un buen presupuesto tiene en cuenta:

- **Ingresos:** Sueldo neto, ingresos por trabajos independientes, rentas, intereses, entre otros.

- **Gastos fijos:** Aquellos que no varían mes a mes, como alquiler o hipoteca, seguros, cuotas de préstamos, etc.

- **Gastos variables:** Comida, entretenimiento, compras diversas y otros que pueden ajustarse más fácilmente.

- **Ahorro e inversiones:** Montos destinados al ahorro o a inversiones que deben tratarse como un gasto fijo para asegurar su continuidad.

Crear un presupuesto efectivo implica:

1. **Identificar tus ingresos y gastos:** Recopila recibos, facturas y extractos bancarios para tener una idea clara de tus finanzas.

2. **Categorizar gastos:** Divide tus gastos en categorías para identificar dónde puedes ahorrar.

3. **Establecer metas:** Define metas financieras a corto, mediano y largo plazo.

4. **Monitorear y ajustar:** Revisa regularmente tu presupuesto y haz ajustes según sea necesario.

Ahorro:

El ahorro es la porción de ingresos que no se gasta inmediatamente en gastos corrientes. La importancia de ahorrar radica en:

- **Fondo de emergencia:** Una reserva de dinero para gastos inesperados, como reparaciones de automóviles o facturas médicas.

- **Metas financieras:** Ahorrar para metas a corto plazo (vacaciones, una boda) o a largo plazo (compra de una casa, educación).

- **Seguridad financiera:** Disponer de ahorros da tranquilidad y reduce la dependencia de créditos.

Consejos para ahorrar:

1. **Pagar primero a ti mismo:** Automatiza la transferencia de una parte de tus ingresos a una cuenta de ahorros.

2. **Reducir gastos:** Elimina gastos innecesarios y busca maneras de reducir las facturas regulares.

3. **Ahorros de alto interés:** Utiliza cuentas de ahorro que ofrezcan una tasa de interés competitiva.

Inversión:

Invertir es el acto de dedicar dinero o capital a un esfuerzo con la expectativa de obtener un ingreso adicional o ganancia. No está exenta de riesgos, pero es crucial para el crecimiento del capital a largo plazo. Los principios básicos incluyen:

- **Diversificación:** Reparte tus inversiones entre distintos activos para minimizar el riesgo.

24

- **Conocimiento del mercado:** Entender los mercados en los que inviertes es fundamental para tomar decisiones informadas.

- **Inversión a largo plazo:** La paciencia es clave; históricamente, los mercados tienden a subir a lo largo del tiempo.

- **Perfil de riesgo:** Invierte según tu tolerancia al riesgo y tus objetivos financieros.

Tipos de inversiones:

1. **Acciones:** Comprar una parte de una empresa y ganar con el aumento del valor y los dividendos.

2. **Bonos:** Prestar dinero a una entidad que paga intereses a lo largo del tiempo, con el retorno del principal en una fecha futura.

3. **Fondos de Inversión:** Colecciones de acciones, bonos u otros activos que permiten la diversificación.

4. **Cuentas de Retiro:** Inversiones destinadas a crecer a lo largo del tiempo para proporcionar ingresos en la jubilación.

Herramientas de Educación Financiera:

- **Aplicaciones de Presupuesto y Finanzas Personales:** Ayudan a rastrear gastos e ingresos.

- **Calculadoras de Ahorro e Inversión:** Estiman el crecimiento de los ahorros e inversiones con el tiempo.

- **Asesores Financieros:** Profesionales que pueden ofrecer asesoramiento personalizado.

Adquirir conocimientos en estas áreas y aplicarlos de manera consistente puede llevar a una mejora significativa en la salud financiera y en el camino hacia la independencia económica.

Importancia de la mentalidad y la disciplina financiera.

La mentalidad y la disciplina financiera son fundamentales para alcanzar y mantener la independencia económica. Estos son algunos puntos clave que subrayan su importancia:

1. Mentalidad Financiera:

Una mentalidad financiera positiva implica ver las finanzas personales no solo como números, sino también como una extensión de tus valores, objetivos y hábitos de vida. La mentalidad correcta puede ayudarte a:

- **Establecer y Priorizar Objetivos:** Comprender qué es lo más importante para ti y alinear tus finanzas con tus objetivos de vida.

Tomar Decisiones Informadas: Tener una actitud proactiva para educarte sobre finanzas, lo que te permite tomar decisiones basadas en conocimiento y no en emociones.

- **Mantener una Perspectiva a Largo Plazo:** Reconocer que la creación de riqueza es un proceso a largo plazo que requiere paciencia y consistencia.

2. Disciplina Financiera:

La disciplina financiera se refiere a la capacidad de implementar y seguir un plan financiero a largo plazo, incluso cuando puede ser tentador desviarse. Incluye:

- **Control de Gastos:** La habilidad para resistir impulsos de compra inmediata en favor de metas financieras a más largo plazo.

- **Ahorro Regular:** Comprometerse a ahorrar una parte de los ingresos de manera consistente, independientemente de otras circunstancias.

- **Invertir Estratégicamente:** Mantener una estrategia de inversión equilibrada y diversificada, sin sucumbir a decisiones precipitadas basadas en las fluctuaciones del mercado.

La Intersección entre Mentalidad y Disciplina:

- **Resiliencia:** La combinación de una mentalidad fuerte y disciplina te prepara para enfrentar y superar los desafíos financieros, como la deuda, los imprevistos económicos o las emergencias.

Adaptabilidad: La mentalidad correcta y la disciplina permiten adaptarse a los cambios en la economía, en tus finanzas personales o en la vida en general, ajustando tu plan según sea necesario

- **Planificación y Ejecución:** Establecer un plan es solo la mitad de la batalla; la mentalidad y la disciplina te permiten ejecutar ese plan día a día, año tras año.

Desarrollando la Mentalidad y Disciplina Financiera:

- **Autoconocimiento:** Evalúa tus creencias y comportamientos financieros; identifica y trabaja en aquellos que necesitan mejora.

- **Educación Financiera:** Continúa aprendiendo sobre finanzas para fortalecer tanto tu mentalidad como tu disciplina.

- **Hábitos Financieros:** Desarrolla y mantiene hábitos financieros saludables; como hacer presupuestos, revisar periódicamente tus finanzas y ajustar tu enfoque según sea necesario.

- **Redes de Apoyo:** Rodéate de personas que tengan una mentalidad y disciplina financiera sólidas; esto puede incluir mentores, asesores financieros o comunidades en línea.

La importancia de la mentalidad y la disciplina financiera reside en su papel como el cimiento sobre el cual se construyen todas las decisiones y acciones financieras. Sin una mentalidad adecuada y la disciplina para seguir un plan financiero, es fácil desviarse del camino hacia la estabilidad y la independencia economía

Estrategias de diversificación de ingresos.

La diversificación de ingresos es una estrategia financiera que implica tener múltiples fuentes de ingreso en lugar de depender de una única. Esto puede ayudar a mitigar los riesgos financieros y proporcionar una seguridad económica adicional. Aquí algunas estrategias y ejemplos:

1. Inversiones en el Mercado de Valores:

- **Acciones:** Compra acciones de varias empresas en diferentes sectores para reducir el riesgo sectorial.

- **Fondos Mutuos y ETFs:** Invierte en fondos que abarquen un amplio rango de activos.

- **Dividendos:** Selecciona acciones que paguen dividendos regularmente para generar un flujo de ingreso constante.

2. Bienes Raíces:

- **Propiedades de Alquiler:** Genera ingresos a través de propiedades residenciales o comerciales.

- **Fideicomisos de Inversión en Bienes Raíces (REITs):** Participa en inversiones inmobiliarias sin tener que gestionar directamente las propiedades.

3. Ingresos Pasivos:

- **Productos Digitales:** Crea y vende productos digitales como ebooks, cursos en línea o música.

- **Licencias y Derechos de Autor:** Gana royalties a partir de libros, patentes o derechos de autor de software.

4. Negocios e Iniciativas Emprendedoras:

- **Empresas de Side Hustle:** Emprende un negocio paralelo que no requiera atención a tiempo completo.

- **Franquicias:** Opera una franquicia con sistemas y procesos ya establecidos.

5. Ingresos por Hobbies o Talento:

- **Artesanía o Arte:** Vende tus creaciones artísticas o artesanales en mercados en línea o ferias locales.

- **Actuación o Música:** Si tienes talento, puedes generar ingresos a través de actuaciones o enseñanza.

6. Freelance y Consultoría:

- **Servicios Profesionales:** Ofrece tus habilidades profesionales como servicios independientes.

- **Consultoría:** Asesora a empresas o individuos en tu área de experticia.

7. Inversiones Alternativas:

- **Criptomonedas:** Participa en el mercado de criptomonedas con una inversión diversificada.

- **Crowdfunding o P2P Lending:** Invierte en proyectos o presta dinero a través de plataformas de financiamiento colectivo.

8. Generación de Ingresos en Línea:

- **Marketing de Afiliados:** Gana comisiones promocionando productos de otros en tu blog o canal de YouTube.

- **Publicidad:** Genera ingresos a través de anuncios en tu sitio web o blog.

9. Ingresos Automatizados o Semi-Automatizados:

- **Máquinas Expendedoras o Lavado de Autos:** Invierte en negocios que puedan generar ingresos con poca intervención diaria.

10. Diversificación Profesional:

- **Trabajos de Tiempo Parcial o Temporales:** Complementa tu ingreso principal con trabajos adicionales en áreas que requieren menos compromiso.

11. Inversiones en Educación y Desarrollo Personal:

- **Cursos o Certificaciones:** Invierte en tu educación para aumentar tu valor en el mercado laboral.

Ejemplos Prácticos:

- **Persona A:** Tiene un trabajo a tiempo completo, pero también genera ingresos a través de una tienda en línea donde vende fotografías como impresiones.

Persona B: Es un consultor de TI que invierte en bienes raíces y recibe dividendos de una cartera de acciones diversificada.

- **Persona C:** Escribe libros y cursos en línea que venden en plataformas como Amazon y Udemy, generando royalties y ventas continuas.

Implementar una estrategia de diversificación de ingresos requiere tiempo, investigación y, a veces, capital inicial. Sin embargo, puede fortalecer significativamente la seguridad financiera y proporcionar una protección contra la volatilidad en cualquier fuente individual de ingresos

Oportunidades de Ingresos con Tecnología

Trabajo remoto y freelancing en plataformas tecnológicas.

El trabajo remoto y el freelancing a través de plataformas tecnológicas representan dos de las tendencias laborales más significativas que han surgido en los últimos años, cada una aprovechando las nuevas tecnologías para permitir formas de trabajo más flexibles y autónomas.

Trabajo Remoto:

El trabajo remoto, también conocido como teletrabajo, es una modalidad laboral en la cual los empleados realizan sus tareas fuera de un entorno de oficina tradicional. Esto se ha facilitado enormemente gracias a las tecnologías como el internet de alta velocidad, las soluciones de cloud computing, y las herramientas de comunicación y colaboración en línea como Zoom, Slack, y Microsoft Teams.

Los trabajadores remotos pueden operar desde cualquier lugar del mundo siempre que tengan conexión a internet, lo cual permite a las empresas contratar talento sin restricciones geográficas y a los empleados disfrutar de una mayor flexibilidad y equilibrio entre la vida laboral y personal.

Freelancing en Plataformas Tecnológicas:

El freelancing es una forma de trabajo autónomo donde los individuos ofrecen sus servicios a clientes múltiples sin un contrato a largo plazo que los ligue a una sola empresa. Las plataformas tecnológicas, como Upwork, Fiverr, y Freelancer, han revolucionado el freelancing al proporcionar un espacio en línea donde freelancers de todo el mundo pueden conectarse con clientes que necesitan servicios específicos.

Estas plataformas ofrecen una amplia gama de categorías laborales, desde desarrollo de software y diseño gráfico hasta escritura y traducción. Los freelancers pueden crear perfiles, compartir su portafolio, postularse a trabajos, y recibir comentarios, todo dentro de la plataforma. Además, muchas de estas plataformas ofrecen sistemas de pago seguros que protegen tanto al freelancer como al cliente.

Ventajas del Trabajo Remoto y Freelancing:

- **Flexibilidad Horaria:** Los trabajadores pueden establecer sus horarios, lo que permite trabajar en las horas en que son más productivos.

- **Ahorro en Tiempo y Costos de Desplazamiento:** Al eliminar la necesidad de trasladarse a una oficina, los trabajadores ahorran tiempo y dinero.

- **Balance Vida-Trabajo:** Muchas personas encuentran que trabajar desde casa o como freelancer les permite un mejor balance entre sus responsabilidades laborales y personales.

- **Acceso a un Mercado Global:** Los freelancers pueden ofrecer sus servicios a clientes de todo el mundo, y las empresas pueden contratar el mejor talento independientemente de su ubicación.

- **Autonomía:** Tanto el trabajo remoto como el freelancing promueven un alto grado de autonomía y autocontrol, permitiendo a los trabajadores gestionar sus proyectos y responsabilidades.

Desafíos del Trabajo Remoto y Freelancing:

- **Disciplina Personal:** Requiere una buena gestión del tiempo y autodisciplina para mantener la productividad sin la estructura de una oficina.

- **Aislamiento Social:** Puede conducir al aislamiento si no se hacen esfuerzos para interactuar regularmente con colegas o a través de redes profesionales.

- **Inseguridad Laboral:** El freelancing no suele ofrecer las mismas garantías que un empleo fijo, como beneficios de salud o pensiones.

- **Ingresos Irregulares:** Los freelancers pueden experimentar fluctuaciones en sus ingresos, lo que requiere una buena planificación financiera.

En resumen, el trabajo remoto y el freelancing a través de plataformas tecnológicas ofrecen oportunidades innovadoras para trabajar de manera flexible, pero también presentan desafíos que requieren una adaptación en la gestión del tiempo, la autodisciplina y la planificación financiera.

Crear y monetizar contenido en línea (blogs, podcasts y canales de YouTube).

Crear y monetizar contenido en línea ha sido una ruta cada vez más popular hacia el emprendimiento y la independencia financiera. Aquí te detallo cómo puedes hacerlo con blogs, podcasts y canales de YouTube.

Blogs:

Creación:

1. **Encuentra tu Nicho:** Identifica un tema que te apasione y que tenga una audiencia interesada. Debe ser lo suficientemente específico para destacar, pero lo bastante amplio para tener contenido para escribir regularmente.

2. **Elige una Plataforma:** Usa sistemas de gestión de contenido como WordPress, Blogger o Squarespace. WordPress es el más popular por su flexibilidad y escalabilidad.

3. **Diseña tu Blog:** Selecciona un diseño receptivo (que funcione bien en dispositivos móviles y de escritorio) y asegúrate de que tu blog sea visualmente atractivo.

4. **Crea Contenido de Calidad:** Escribe artículos bien investigados y útiles. El contenido debe ser original, valioso y orientado a resolver problemas o responder preguntas de tu audiencia.

5. **SEO:** Optimiza tu contenido para motores de búsqueda para aumentar tu visibilidad en línea.

Monetización:

1. **Publicidad:** Utiliza Google AdSense u otros programas de publicidad para mostrar anuncios en tu blog y ganar dinero cada vez que un visitante hace clic en un anuncio.

2. **Marketing de Afiliados:** Recomienda productos o servicios y utiliza enlaces de afiliado para ganar comisiones sobre las ventas que generes.

3. **Venta de Productos o Servicios:** Vende tus propios productos digitales, cursos, libros electrónicos o servicios de consultoría.

4. **Publicaciones Patrocinadas:** Escribe artículos patrocinados para marcas que quieran llegar a tu audiencia.

Podcasts:

Creación:

1. **Elige un Tema y Formato:** Decide sobre qué hablarás y si tendrás invitados, episodios en solitario o una combinación.

2. **Equipo de Grabación:** Invierte en un buen micrófono y utiliza un software de edición para producir episodios claros y profesionales.

3. **Grabación y Edición:** Graba y edita tus episodios, añadiendo música de introducción y cierre si lo deseas.

4. **Distribución:** Sube tus podcasts a plataformas como iTunes, Spotify, y Google Podcasts para alcanzar una amplia audiencia.

Monetización:

1. **Patrocinios y Publicidad:** Busca patrocinadores que estén interesados en promocionar sus productos o servicios a tu audiencia.

2. **Donaciones:** Usa plataformas como Patreon para que los oyentes apoyen financieramente tu podcast.

3. **Contenido Premium:** Ofrece contenido adicional o episodios exclusivos a cambio de una suscripción o pago.

Canales de YouTube:

Creación:

1. **Elige tu Nicho:** Decide sobre qué tema será tu canal, desde tutoriales hasta críticas de productos y más allá.

2. **Crea Contenido Consistente:** Desarrolla un calendario de publicaciones y genera contenido de manera regular para mantener a tus espectadores comprometidos.

3. **Calidad del Video:** Invierte en una buena cámara y aprende técnicas básicas de videografía y edición para producir videos de alta calidad.

4. **Optimización de YouTube:** Utiliza títulos atractivos, descripciones detalladas, miniaturas personalizadas y etiquetas relevantes para mejorar el SEO de tus videos.

Monetización:

1. **Programa de Socios de YouTube:** Monetiza tus videos a través de anuncios una vez que cumplas con los requisitos necesarios de tiempo de visualización y suscriptores.

2. **Marketing de Afiliados:** Incluye enlaces de afiliado en la descripción de tus videos.

3. **Patrocinios:** Colabora con marcas para crear contenido patrocinado.

4. **Venta de Merchandising:** Vende productos de marca como camisetas, gorras y otros artículos relacionados con tu canal.

5. **Suscripciones de Canales:** Ofrece membresías de canal con beneficios exclusivos para suscriptores pagos.

En todos los casos, es crucial construir y mantener una relación sólida con tu audiencia, proporcionar valor constante y ser paciente. La monetización exitosa generalmente no sucede de la noche a la mañana, sino que es el resultado de un crecimiento sostenido y compromiso con tu comunidad en línea.

Venta y marketing en línea (e-commerce, dropshipping).

La venta y el marketing en línea han revolucionado la forma en que los negocios se acercan a los clientes y cómo los consumidores adquieren productos y servicios. Dos de las estrategias más prominentes en este ámbito son el comercio electrónico (e-commerce) y el dropshipping. A continuación, explico cada uno con ejemplos:

E-commerce

Definición: El comercio electrónico implica la compra y venta de bienes y servicios a través de internet. Las empresas que operan en línea utilizan sitios web o aplicaciones móviles para llegar a sus clientes y ofrecer sus productos.

Componentes Clave:

- **Sitio Web o Plataforma de E-commerce:** Como Shopify, WooCommerce (sobre WordPress), Magento, etc.

- **Gestión de Inventario:** Tener control sobre el stock de productos.

- **Procesamiento de Pagos:** Integrar soluciones como PayPal, Stripe, o pasarelas de pago propias de bancos.

- **Logística de Envíos:** Organizar el envío de productos a los clientes, ya sea a través de servicios propios o asociándose con compañías de entrega.

Ejemplo: Un ejemplo clásico de e-commerce es Amazon, donde los clientes pueden comprar una amplia variedad de productos que Amazon almacena en sus centros de distribución y envía directamente.

Dropshipping

Definición: Dropshipping es un modelo de negocio de comercio electrónico donde el vendedor no mantiene los productos en stock. En su lugar, cuando se vende un producto, el vendedor compra el artículo a un tercero y lo hace enviar directamente al cliente.

Componentes Clave:

- **Proveedor o Fabricante:** Un tercero que posee los productos y maneja el inventario.

- **Tienda Online:** Generalmente creada en plataformas como Shopify o WooCommerce.

- **Enfoque en Marketing y Servicio al Cliente:** Como el dropshipper no maneja el inventario ni la logística de envío, se centra en atraer clientes y gestionar sus experiencias.

Ejemplo: Un ejemplo de dropshipping sería una tienda en línea que vende accesorios de moda. Cuando un cliente realiza un pedido en la tienda, el propietario del sitio compra el artículo de un proveedor, por ejemplo, en AliExpress, y lo hace enviar directamente al cliente sin tocar el producto.

Venta y Marketing en Línea para E-commerce y Dropshipping

Independientemente del modelo, la venta y el marketing en línea son vitales para el éxito. Esto incluye:

- **Marketing de Contenido:** Crear y compartir contenido relevante para atraer y retener una audiencia claramente definida. Por ejemplo, blogs que detallan cómo usar los productos o la historia detrás de ellos.

- **SEO:** Optimizar tu sitio web para los motores de búsqueda para aumentar la visibilidad en los resultados de búsqueda.

- **Publicidad en Línea:** Utilizar plataformas como Google Ads o Facebook Ads para dirigir tráfico hacia tu tienda.

- **Marketing en Redes Sociales:** Utilizar plataformas como Instagram, Facebook, o Pinterest para promocionar productos, a menudo a través de influencers o contenido orgánico.

- **Email Marketing:** Enviar newsletters, ofertas y actualizaciones a los clientes para fomentar la fidelidad y repetir las compras.

- **Análisis y Seguimiento:** Utilizar herramientas como Google Analytics para rastrear el rendimiento de tu tienda y optimizar las estrategias de venta y marketing.

El comercio electrónico tradicional requiere más capital inicial y gestión de inventario, pero ofrece mayores márgenes de beneficio y control sobre la calidad del producto y la experiencia del cliente. El dropshipping, por otro lado, tiene una barrera de entrada más baja y menos responsabilidades operativas, pero generalmente viene con márgenes de ganancia más bajos y menos control sobre el inventario y el tiempo de envío. La elección entre ambos dependerá de los recursos, experiencia y objetivos de negocio del individuo o empresa.

Inversión en Tecnología

Criptomonedas y activos digitales.

Las criptomonedas y los activos digitales son un campo en expansión con una variedad de aplicaciones y casos de uso. Aquí te doy una visión general con ejemplos específicos.

Criptomonedas

Definición: Las criptomonedas son monedas digitales o virtuales que utilizan la criptografía para asegurar las transacciones y controlar la creación de nuevas unidades. Funcionan en una tecnología de cadena de bloques (blockchain), que es un registro descentralizado y distribuido de todas las transacciones.

Ejemplos:

1. **Bitcoin (BTC):** La primera y más conocida criptomoneda, utilizada principalmente como reserva de valor y medio de intercambio.

2. **Ethereum (ETH):** No solo es una moneda digital, sino también una plataforma para la creación de contratos inteligentes y aplicaciones descentralizadas (dApps).

3. **Ripple (XRP):** Se utiliza principalmente para facilitar transferencias de dinero en tiempo real a nivel internacional, enfocándose en la industria bancaria.

Tokens

Los tokens son un tipo de activo digital que se construye sobre la cadena de bloques de otra criptomoneda. No son monedas por sí mismas, sino activos que pueden representar diversas cosas, desde una participación en una empresa hasta puntos de recompensa.

Ejemplos:

1. **Tokens de Utilidad:** Como los BAT (Basic Attention Tokens), que se utilizan dentro del navegador Brave para remunerar a los usuarios por ver anuncios.

2. **Tokens de Seguridad:** Representan inversiones en activos externos, como bienes raíces o acciones.

3. **Tokens No Fungibles (NFTs):** Son únicos y no intercambiables, representando la propiedad sobre obras de arte digitales, coleccionables, etc. Un ejemplo famoso es la colección de NFTs llamada CryptoKitties, que permite a los usuarios comprar, recolectar y criar gatos virtuales únicos.

Stablecoins

Son criptomonedas diseñadas para minimizar la volatilidad del precio, vinculándolas a un activo de reserva como el dólar estadounidense.

Ejemplos:

1. **Tether (USDT):** Está atado al USD, ofreciendo una estabilidad relativa en comparación con otras criptomonedas.

2. **DAI:** Una stablecoin descentralizada que está atada al USD, pero respaldada por un exceso de colateral en criptomonedas.

Plataformas de Finanzas Descentralizadas (DeFi)

Las plataformas DeFi permiten servicios financieros, como préstamos y trading de activos, sin intermediarios, utilizando la tecnología de blockchain y criptomonedas.

Ejemplos:

1. **Uniswap:** Un exchange descentralizado (DEX) que permite a los usuarios intercambiar diferentes criptomonedas directamente desde su wallet.

2. **MakerDAO:** Permite a los usuarios bloquear sus criptomonedas como colateral para generar la stablecoin DAI.

Activos Digitales en Otros Sectores

Ejemplos:

1. **Tokenización de Bienes Raíces:** Se pueden emitir tokens que representen partes de una propiedad inmobiliaria, permitiendo a los inversores comprar y comerciar fracciones de bienes inmuebles.

2. **Identidad Digital:** Las cadenas de bloques pueden usarse para crear identidades digitales verificables y seguras.

3. **Juegos y Entretenimiento:** Los activos digitales se pueden utilizar para comprar equipamiento en juegos o para adquirir y comercializar personajes o artículos dentro del juego.

Las criptomonedas y los activos digitales están sujetos a un alto grado de volatilidad y riesgo regulatorio, lo que los hace inversiones riesgosas, pero también potencialmente rentables. Su naturaleza descentralizada y resistencia a la censura los hacen atractivos para aquellos que buscan alternativas al sistema financiero tradicional. Sin embargo, es importante realizar una investigación exhaustiva y considerar los riesgos antes de invertir en ellos.

Crowdfunding y plataformas de inversión colectiva.

El crowdfunding es una forma de financiación colectiva donde individuos o empresas recaudan dinero para sus proyectos o negocios a través de pequeñas contribuciones de muchas personas, generalmente realizadas por internet. Este modelo ha ganado popularidad como una alternativa a las formas tradicionales de financiación, como los préstamos bancarios o el capital de riesgo.

Tipos de Crowdfunding

1. Donación-Based Crowdfunding: Los contribuyentes donan a una causa, proyecto o entidad sin recibir nada a cambio. Ejemplos de esto incluyen:

- **GoFundMe:** Es ampliamente utilizada para recaudar fondos para gastos personales como facturas médicas, educación o desastres personales.

2. Recompensa-Based Crowdfunding: Los contribuyentes reciben una recompensa tangible o intangible, como un producto o un reconocimiento especial, a cambio de sus fondos.

- **Kickstarter:** Los proyectos creativos ofrecen recompensas como productos terminados o experiencias exclusivas a cambio de financiamiento.

- **Indiegogo:** Similar a Kickstarter, pero con una estructura de tarifas y reglas ligeramente diferentes, y permite la recaudación de fondos para un espectro más amplio de proyectos.

3. Equity-Based Crowdfunding: Los inversores reciben una participación accionaria en la empresa a cambio de su financiamiento.

- **SeedInvest:** Permite a los inversores comprar acciones en startups y pequeñas empresas.

- **Crowdcube:** Una plataforma de inversión líder para empresas en etapa inicial y en crecimiento en el Reino Unido, ofreciendo acciones a cambio de inversión.

4. Deuda-Based Crowdfunding (Crowdlending): Los inversores prestan dinero a una persona o empresa y reciben el dinero de vuelta con intereses.

- **Lending Club:** Permite a los inversores otorgar préstamos directamente a individuos o empresas.

- **Prosper:** Una plataforma peer-to-peer donde uno puede invertir en préstamos personales y ganar intereses.

Plataformas de Inversión Colectiva

Inversión Inmobiliaria Colectiva: Permite a los inversores adquirir una participación en propiedades inmobiliarias. En lugar de necesitar comprar una propiedad completa, los inversores pueden invertir una cantidad menor de dinero junto con otros.

- **Fundrise:** Ofrece la oportunidad de invertir en un portafolio diversificado de propiedades inmobiliarias.

RealtyMogul: Permite a los inversores participar en inversiones inmobiliarias específicas o fondos diversificados.

Inversión en Startups: Estas plataformas permiten a los inversores aportar capital a startups en etapas tempranas a cambio de acciones o deuda convertible.

- **AngelList:** Conecta a startups con inversores ángeles y también ofrece fondos sindicados para invertir en startups.

- **WeFunder:** Permite la inversión en una amplia gama de startups y pequeñas empresas en diferentes etapas de desarrollo.

Consideraciones sobre Crowdfunding y Plataformas de Inversión Colectiva

El crowdfunding y las plataformas de inversión colectiva democratizan el proceso de inversión, haciendo que sea accesible para un grupo más amplio de personas. Sin embargo, estos modelos también conllevan riesgos, incluyendo la posibilidad de fraude, la falta de liquidez en las inversiones, y el riesgo de no alcanzar los objetivos de financiación. Además, las inversiones en startups y bienes raíces a través de estas plataformas pueden ser altamente especulativas y no garantizan un retorno.

Los inversores deben realizar su diligencia debida y considerar sus apetitos de riesgo antes de comprometer fondos a proyectos en estas plataformas. Es importante también estar al tanto de las regulaciones locales que pueden afectar tanto a los que buscan fondos como a los que desean invertir.

Inversión en startups tecnológicas o fondos de capital de riesgo.

La inversión en startups tecnológicas y en fondos de capital de riesgo es una de las formas más emocionantes y potencialmente gratificantes de participar en la economía de la innovación. Aquí tienes un desglose detallado de cada uno de ellos con ejemplos concretos.

Inversión en Startups Tecnológicas

Las startups tecnológica son empresas en etapa temprana que se centran en la innovación en el ámbito tecnológico, buscando ofrecer soluciones disruptivas y escalables a problemas existentes o emergentes.

Cómo funciona:

- Los inversores proporcionan capital a la startup a cambio de una participación accionaria.

- El objetivo es que la empresa aumente significativamente su valor, permitiendo a los inversores obtener un retorno al vender su participación en una ronda de financiación posterior, a través de una oferta pública inicial (IPO), o cuando la empresa es adquirida.

Ejemplos de Startups Tecnológicas:

1. **SpaceX:** Una empresa que comenzó como una startup con la visión de hacer accesible el espacio, ahora es un líder en la industria aeroespacial.

2. **Stripe:** Comenzó como una startup tecnológica en el área de los pagos en línea y ahora es una de las plataformas de pago más grandes y de más rápido crecimiento en el mundo.

Plataformas para Invertir en Startups:

- **AngelList:** Permite a los inversores individuales encontrar y financiar startups tecnológicas en etapas iniciales.

- **SeedInvest y Crowdcube:** Plataformas que conectan a inversores con startups buscando capital.

Fondos de Capital de Riesgo (VC)

Los fondos de capital de riesgo son fondos que invierten en una cartera de startups en etapas tempranas y con alto potencial de crecimiento.

Cómo funciona:

- Los inversionistas comprometen dinero al fondo, que es administrado por profesionales (capitalistas de riesgo).

- El fondo utiliza ese capital para adquirir participaciones en una serie de startups, y la ganancia (o pérdida) se distribuye entre los inversores del fondo.

Ejemplos de Fondos de VC:

1. **Sequoia Capital:** Conocido por sus inversiones tempranas en compañías como Apple, Google, y WhatsApp.

2. **Andreessen Horowitz (a16z):** Un fondo de VC que ha invertido en una amplia gama de empresas tecnológicas exitosas, como Facebook, Airbnb, y Lyft.

Plataformas para Acceder a Fondos de VC:

- **Fundable:** Permite a los inversores acreditados descubrir y contribuir a fondos de VC.

- **Republic:** Ofrece oportunidades de inversión en startups curadas y ocasionalmente permite el acceso a fondos de VC.

Consideraciones sobre la Inversión en Startups Tecnológicas y VC

Riesgo y Retorno: La inversión en startups tecnológicas y fondos de VC puede ofrecer altos rendimientos potenciales, pero viene con un alto riesgo. Muchas startups fracasan, y los fondos de VC típicamente esperan que una o dos de cada diez inversiones generen la mayor parte de los retornos de la cartera.

Diversificación: Los inversores pueden mitigar parte del riesgo diversificando sus inversiones a través de múltiples startups o invirtiendo en un fondo de VC que a su vez invierte en varias empresas.

Liquidez: Estas inversiones suelen ser ilíquidas, lo que significa que el capital puede estar bloqueado durante varios años hasta que se produce un evento de liquidez, como una venta o una IPO.

Due Diligence: Es crucial realizar una due diligence exhaustiva antes de invertir en una startup o un fondo de VC, incluyendo la evaluación del equipo de gestión, el modelo de negocio, el mercado objetivo, y la estrategia de salida potencial.

La inversión en tecnología emergente y en fondos de capital de riesgo sigue siendo una de las áreas más atractivas para inversores visionarios dispuestos a asumir riesgos calculados para lograr retornos significativos. Sin embargo, siempre se debe buscar asesoría financiera profesional antes de realizar este tipo de inversiones.

Emprendimiento Tecnológico

Cómo iniciar una startup tecnológica.

Iniciar una startup tecnológica es un proceso complejo que implica varios pasos clave. Aquí te describo los pasos esenciales con una explicación detallada:

1. Identificación de la Idea y Validación del Mercado

Paso Inicial: Todo comienza con una idea. Sin embargo, no todas las ideas son viables. La validación del mercado es esencial para asegurarse de que existe una demanda real para el producto o servicio que se pretende ofrecer.

Ejemplo: Supongamos que tienes la idea de una aplicación que utiliza inteligencia artificial para personalizar rutinas de ejercicio. Realizar encuestas, entrevistas con potenciales usuarios y análisis competitivo podría ayudar a validar si hay un mercado para tu idea.

2. Elaboración de un Plan de Negocios y Modelo de Ingresos

Paso Inicial: El plan de negocios es la hoja de ruta que detalla cómo funcionará tu empresa, cómo generará ingresos, y cómo planea crecer. Debes definir tu modelo de ingresos claramente, ya sea a través de ventas directas, suscripciones, publicidad, etc.

Ejemplo: Si tu aplicación ofrece suscripciones premium para rutinas personalizadas, debes detallar cómo adquirirás clientes y cómo se estructurarán las opciones de suscripción.

3. Formación del Equipo

Paso Inicial: Un equipo fuerte y diverso es fundamental para el éxito de una startup. Necesitarás personas con habilidades en tecnología, negocios, marketing y ventas, entre otros.

Ejemplo: Para la aplicación de ejercicios, querrás tener al menos un experto en fitness, un desarrollador de software, y alguien con experiencia en marketing digital.

4. Desarrollo del Producto Mínimo Viable (MVP)

Paso Inicial: Un MVP es la versión más básica de tu producto que aún es funcional. Te permite obtener feedback de los usuarios reales y hacer mejoras antes de desarrollar el producto completo.

Ejemplo: Podrías lanzar una versión básica de la aplicación que incluya una serie limitada de rutinas de ejercicio y funcionalidades de personalización para evaluar la experiencia del usuario.

5. Financiamiento

Paso Inicial: Las startups tecnológicas a menudo necesitan capital para desarrollar el producto y llevarlo al mercado. Las opciones de financiamiento incluyen el bootstrapping (autofinanciamiento), ángeles inversores, programas de aceleradoras, crowdfunding y capital de riesgo.

Ejemplo: Puedes decidir iniciar una campaña en Kickstarter para obtener fondos y al mismo tiempo validar aún más el interés del mercado en tu aplicación.

6. Creación de la Marca y Marketing

Paso Inicial: Construir una marca fuerte y una estrategia de marketing efectiva es crucial para destacarse en el mercado. Esto incluye la identidad de la marca, el sitio web, el contenido en redes sociales y las estrategias de publicidad.

Ejemplo: Para la aplicación de ejercicios, podrías asociarte con influencers en el nicho del fitness y lanzar campañas publicitarias en plataformas de redes sociales dirigidas a entusiastas del ejercicio.

7. Lanzamiento y Escalamiento

Paso Inicial: El lanzamiento debe ser planificado cuidadosamente para maximizar el impacto. Después del lanzamiento, el enfoque se desplaza hacia el crecimiento y la escala, ajustando el producto y la oferta basándose en la retroalimentación continua de los usuarios.

Ejemplo: Podrías hacer un lanzamiento suave con un grupo selecto de usuarios antes de un lanzamiento completo. Con los datos recopilados, puedes mejorar la app y luego escalar usando estrategias de marketing digital y asociaciones.

Ejemplos de Startups Tecnológicas Exitosas:

- **Dropbox:** Comenzó como un simple MVP que resolvía el problema del almacenamiento en la nube y la sincronización de archivos.

- **Airbnb:** Inició cuando sus fundadores rentaron colchones de aire en su apartamento, validando la demanda de alojamiento alternativo.

- **Instagram:** Comenzó como una aplicación de check-in llamada Burbn, que luego pivotó para centrarse únicamente en compartir fotos.

Cada una de estas compañías comenzó con una idea simple, validó su mercado, construyó un MVP y creció a partir de allí. Es importante notar que cada startup es única, y lo que funciona para una puede no funcionar para otra. La clave está en aprender rápidamente, adaptarse y estar dispuesto a evolucionar a medida que se obtiene más información.

Innovación y desarrollo de productos.

La innovación y el desarrollo de productos son pilares fundamentales en la creación y sostenimiento de cualquier startup tecnológica. Este proceso es la columna vertebral que transforma las ideas en productos tangibles y comercializables. Aquí hay una explicación detallada de este proceso, con ejemplos específicos para ilustrar cada etapa:

Etapas de la Innovación y Desarrollo de Productos:

1. Generación de Ideas

En esta etapa inicial, la creatividad es clave. Las ideas pueden surgir de distintas fuentes, como las necesidades no satisfechas del mercado, la innovación tecnológica, los cambios en la legislación, o las nuevas tendencias sociales.

Ejemplo: Dyson, la compañía de electrodomésticos se inspiró en la tecnología de separación de aire de un aserradero para crear su primera aspiradora sin bolsa.

2. Investigación y Filtrado

Una vez que tienes una lista de ideas, necesitas investigar su viabilidad y potencial de mercado. Esto incluye un análisis de la competencia, estudios de mercado, y análisis de rentabilidad.

Ejemplo: Google, al desarrollar su ahora famoso buscador, realizó una extensa investigación para comprender cómo los usuarios interactuaban con la información en línea y cómo podrían mejorar la búsqueda.

3. Desarrollo de Conceptos y Prototipos

Es el momento de convertir las ideas seleccionadas en conceptos tangibles. Los prototipos son versiones iniciales del producto que se crean para probar su funcionalidad y diseño.

Ejemplo: Apple crea múltiples prototipos de sus productos, como el iPhone, probando diferentes diseños y características para llegar al producto más innovador y funcional posible.

4. Análisis de Viabilidad

Esta etapa implica análisis financieros, técnicos y operativos para determinar si el desarrollo del producto es viable y sostenible a largo plazo.

Ejemplo: Tesla, antes de lanzar su Model S, realizó análisis de viabilidad para asegurarse de que podían producir un automóvil eléctrico de alta calidad a un costo que los consumidores estuvieran dispuestos a pagar.

5. Desarrollo de Producto

En esta etapa, se desarrolla el producto final basado en el feedback recibido de los prototipos. Esto incluye la ingeniería del producto, el diseño de la experiencia del usuario y la finalización de las especificaciones técnicas.

Ejemplo: Samsung, cuando desarrolla un nuevo smartphone, pasa por un riguroso proceso de desarrollo que incluye pruebas de durabilidad, diseño de software y optimización del hardware.

6. Pruebas de Mercado

Antes del lanzamiento completo, el producto se introduce en un mercado de prueba para recopilar datos sobre su aceptación y recibir retroalimentación de los usuarios reales.

Ejemplo: La empresa de alimentos Beyond Meat inicialmente probó sus productos en mercados seleccionados para entender las preferencias de los consumidores antes de su lanzamiento nacional e internacional.

7. Comercialización

Esta es la etapa de llevar el producto al mercado general, que incluye la producción a gran escala, el marketing, las ventas y la distribución.

Ejemplo: Coca-Cola, al introducir una nueva bebida, utiliza una combinación de publicidad masiva, distribución a través de sus canales existentes y promociones para alcanzar al consumidor final.

8. Post-lanzamiento y Mejora Continua

Después del lanzamiento, es crucial monitorear el desempeño del producto y recoger comentarios de los clientes para mejoras continuas.

Ejemplo: Microsoft recopila constantemente datos de uso y feedback de los clientes para lanzar actualizaciones regulares de su software, como Windows, para mejorar la seguridad y la funcionalidad.

Ejemplos Detallados de Innovación de Productos:

- **Amazon Echo (Alexa):** Amazon vio una oportunidad en el hogar inteligente y creó Echo. Comenzaron con prototipos simples, probaron funcionalidades y utilizaron retroalimentación para desarrollar un asistente de voz que integrara servicios y gestionara dispositivos inteligentes.

- **Fitbit:** Inicialmente, Fitbit exploró el concepto de wearables que rastreaban la actividad física. A través de iteraciones y feedback, se transformaron en una empresa líder que ofrece una variedad de productos que monitorean no sólo la actividad física sino también la salud en general.

- **Spotify:** Partiendo de la idea de proporcionar música de manera legal y conveniente, Spotify desarrolló un servicio de streaming que se adaptaba a las necesidades del usuario moderno, con funciones de personalización y recomendaciones basadas en algoritmos.

El desarrollo de productos es un proceso iterativo y dinámico que requiere adaptación y aprendizaje constante. Las empresas que lo hacen bien son aquellas que no sólo entienden las necesidades de sus clientes, sino que también están al tanto de los avances tecnológicos y están dispuestas a pivotar basándose en la retroalimentación recibida.

Estrategias de marketing digital y crecimiento.

Las estrategias de marketing digital y crecimiento son esenciales para cualquier empresa que busque establecerse y expandirse en el mercado moderno. Estas estrategias aprovechan las herramientas digitales y plataformas para atraer, involucrar y retener a los clientes. A continuación, describo varias estrategias clave, junto con ejemplos prácticos:

1. Optimización para Motores de Búsqueda (SEO)

Estrategia: Consiste en optimizar el contenido de un sitio web para aparecer en los primeros resultados de los motores de búsqueda como Google. Esto se logra mediante la selección de palabras clave relevantes, la creación de contenido de calidad, y la optimización de los metadatos del sitio web.

Ejemplos:

- **HubSpot** usa una estrategia de contenido enfocada en palabras clave de cola larga para atraer a usuarios específicos.

- **Zappos** se enfoca en keywords específicas para cada categoría de producto para captar tráfico cualificado.

2. Marketing de Contenidos

Estrategia: Involucra la creación de contenido valioso y relevante para atraer y retener a una audiencia definida, con el objetivo final de impulsar la acción del cliente.

Ejemplos:

- **Red Bull** crea contenido de aventura y deportes extremos para conectar con su audiencia.

- **Canva** ofrece plantillas gratuitas y tutoriales que ayudan a las personas a usar su herramienta de diseño gráfico.

3. Marketing en Redes Sociales

Estrategia: Utilizar plataformas de redes sociales como Facebook, Instagram, Twitter, y LinkedIn para construir una comunidad, interactuar con los usuarios y promocionar productos o servicios.

Ejemplos:

- **Nike** utiliza atletas famosos e influencers en Instagram para promover sus productos.

- **Wendy's** usa Twitter para interactuar con los clientes de manera humorística y auténtica, lo que mejora su imagen de marca.

4. Publicidad Pagada en Línea (PPC)

Estrategia: La publicidad de pago por clic (PPC) implica colocar anuncios en plataformas como Google Ads o redes sociales, donde pagas cada vez que un usuario hace clic en tu anuncio.

Ejemplos:

- **Wayfair** coloca anuncios gráficos en Google Ads para promover ofertas específicas en muebles y decoración del hogar.

- **Airbnb** utiliza anuncios dirigidos en Facebook para llegar a posibles anfitriones y viajeros basados en su comportamiento en línea.

5. Email Marketing

Estrategia: Enviar correos electrónicos dirigidos y personalizados a un grupo de suscriptores para informar, involucrar y convertir.

Ejemplos:

- **Mailchimp** envía correos electrónicos educativos sobre marketing y estrategias de crecimiento.

- **Dropbox** envía correos recordando a los usuarios las ventajas de su servicio premium para incentivar la conversión.

6. Marketing de Influencia

Estrategia: Colaborar con influencers que tienen un gran seguimiento en plataformas de redes sociales para promover productos o servicios.

Ejemplos:

- **Daniel Wellington** se hizo conocido a través de campañas de influencers en Instagram.

- **Glossier** ha utilizado influencers de belleza para promover su maquillaje y productos para el cuidado de la piel.

7. Automatización de Marketing

Estrategia: Usar software para automatizar tareas repetitivas de marketing y personalizar la comunicación con los clientes.

Ejemplos:

- **Salesforce** automatiza las campañas de marketing para ofrecer mensajes personalizados a clientes potenciales.

- **Amazon** utiliza la automatización para enviar recomendaciones de productos basadas en el comportamiento de compra anterior.

8. Analítica Web y A/B Testing

Estrategia: El análisis web implica el uso de herramientas como Google Analytics para rastrear y entender el comportamiento del usuario. Las pruebas A/B comparan dos versiones de una página web para ver cuál funciona mejor.

Ejemplos:

- **Netflix** realiza pruebas A/B en sus imágenes de portada y algoritmos de recomendación para aumentar la participación del usuario.

- **Booking.com** utiliza pruebas A/B para optimizar la experiencia de reserva en su sitio web.

Automatización y Eficiencia

Herramientas de automatización para negocios y finanzas personales.

Las herramientas de automatización para negocios y finanzas personales pueden ayudar significativamente a aumentar la eficiencia, reducir errores y permitir a los individuos y empresas concentrarse en tareas de mayor valor. A continuación, se presentan varias categorías de estas herramientas con ejemplos concretos:

Automatización en Negocios:

1. Automatización de Marketing:

- **HubSpot:** Ofrece automatización de todo el marketing, desde el envío de correos electrónicos hasta la gestión de campañas y la segmentación de clientes.

- **Marketo:** Especializado en automatización para grandes empresas con una suite integral para campañas de marketing digital.

2. Automatización de Ventas:

- **Salesforce:** Un CRM que incluye automatización de la fuerza de ventas, proporcionando seguimiento de prospectos y automatización de tareas de ventas.

- **Pipedrive:** CRM que enfoca en la simplicidad y la visibilidad del proceso de ventas, con características de automatización para el seguimiento de tratos.

3. Automatización de Servicio al Cliente:

- **Zendesk:** Ofrece chatbots y respuestas automatizadas para ayudar a gestionar el flujo de consultas de clientes sin intervención humana.

- **Intercom:** Permite la creación de mensajes automatizados basados en el comportamiento del usuario en un sitio web o aplicación.

4. Automatización de Contabilidad y Facturación:

- **QuickBooks:** Proporciona automatización para la contabilidad de pequeñas empresas, desde facturación hasta seguimiento de gastos y nómina.

- **FreshBooks:** Es un software de facturación y contabilidad que automatiza la facturación recurrente y el seguimiento del tiempo.

5. Gestión de Proyectos y Tareas:

- **Asana:** Permite la creación de tareas recurrentes y la automatización de workflows de proyectos.

- **Trello:** Con su sistema de Power-Ups, se pueden automatizar tareas como asignaciones y movimientos de tarjetas entre listas.

6. Automatización de Recursos Humanos:

- **BambooHR:** Automatiza tareas de RRHH como el seguimiento del tiempo libre, la incorporación de empleados y la gestión de rendimiento.

- **Gusto:** Se centra en la nómina y los beneficios, con automatización para calcular y procesar la nómina y los impuestos correspondientes.

Automatización de Finanzas Personales:

1. Gestión de Presupuesto y Finanzas:

- **Mint:** Ayuda a los usuarios a crear presupuestos y rastrear gastos automáticamente, categorizando las transacciones y proporcionando insights financieros.

- **YNAB (You Need A Budget):** Automatiza la asignación de gastos en categorías y ayuda a planificar el presupuesto basándose en ingresos reales.

2. Inversión y Ahorro Automatizados:

- **Acorns:** Redondea las compras al dólar más cercano y automáticamente invierte el cambio en un portafolio diversificado.

- **Betterment:** Utiliza algoritmos para gestionar inversiones automáticamente basándose en los objetivos y el perfil de riesgo del usuario.

3. Automatización del Pago de Deudas:

- **Undebt.it:** Es una herramienta que ayuda a automatizar la planificación del pago de deudas, ofreciendo distintos métodos como el de bola de nieve o el avalancha.

- **Mvelopes:** Usa el concepto de sobres para presupuestar y automatizar la asignación de fondos para el pago de deudas y gastos.

4. Seguimiento de Inversiones:

- **Personal Capital:** Proporciona herramientas para rastrear y gestionar inversiones automáticamente, ofreciendo una visión completa del patrimonio.

- **Quicken:** Ofrece seguimiento de inversiones y optimización de la cartera, integrando cuentas de corretaje y bancarias en un solo lugar.

La automatización no solo ahorra tiempo y reduce la posibilidad de error humano, sino que también puede proporcionar información valiosa y análisis en tiempo real que puede mejorar la toma de decisiones tanto en negocios como en finanzas personales.

Productividad y herramientas de gestión del tiempo.

Debemos en este punto comenzar por saber que es la productividad:

La productividad, en su esencia, es una medida de la eficiencia de una persona, máquina, fábrica, sistema, etc., en convertir insumos en salidas útiles. En el contexto personal o empresarial, se trata de lograr más resultados con la misma cantidad de esfuerzo, o idealmente, incluso con menos. Aquí hay una explicación más detallada de la productividad y algunas estrategias para mejorarla:

Conceptos de Productividad:

1. **Productividad Personal:**

    Se refiere a cómo los individuos gestionan su tiempo y recursos para alcanzar objetivos.

    Incluye técnicas de gestión del tiempo, enfoque y hábitos de trabajo efectivos.

2. **Productividad en el Trabajo:**

    Relacionada con la cantidad y calidad de los resultados que los trabajadores producen durante un período determinado.

A menudo se mide en términos de producción por hora laboral o producción por empleado.

3. **Productividad de las Máquinas y Herramientas:**

La eficiencia con la que las máquinas y herramientas producen bienes o servicios.

Mejorada mediante el mantenimiento adecuado y la actualización oportuna de equipos.

4. **Productividad Empresarial:**

Refleja cuán bien una empresa utiliza sus recursos para producir bienes y servicios.

Puede mejorarse optimizando procesos, utilizando la tecnología de manera efectiva y mejorando la gestión de personal.

Estrategias para Mejorar la Productividad:

1. **Definir Objetivos Claros:**

Tener metas bien definidas ayuda a mantener la concentración y priorizar tareas.

2. **Priorización Efectiva:**

Utilizar técnicas como la matriz de Eisenhower o la regla 80/20 (Principio de Pareto) para enfocarse en las tareas que ofrecen el mayor retorno.

3. **Minimizar Interrupciones:**

Crear un entorno de trabajo que reduzca las distracciones y las interrupciones.

4. **Automatización y Delegación:**

   Automatizar tareas repetitivas y delegar actividades que pueden ser mejor realizadas por otros.

5. **Uso de Herramientas Tecnológicas:**

   Utilizar software y aplicaciones para gestionar el tiempo, proyectos y comunicaciones de manera eficiente.

6. **Mejora Continua:**

   Adoptar una filosofía de mejora continua (Kaizen) donde siempre se busca formas de hacer las cosas mejor.

7. **Descanso y Gestión del Estrés:**

   Reconocer la importancia del descanso, el sueño y la gestión del estrés en la productividad.

8. **Capacitación y Desarrollo:**

   Invertir en formación para mejorar habilidades y competencias.

9. **Ambiente de Trabajo:**

   Optimizar el espacio físico de trabajo para el confort y la eficiencia.

10. **Medición y Análisis:**

    Rastrear y analizar la productividad para identificar áreas de mejora.

Cada una de estas estrategias puede ser ajustada y personalizada para ajustarse a distintos individuos y tipos de trabajos.

La productividad no es un destino sino un viaje continuo de optimización y adaptación a nuevos retos y circunstancias.

La productividad y la gestión del tiempo son cruciales para el éxito en cualquier campo de trabajo o en la vida personal. En el ámbito de la gestión del tiempo, existen numerosas herramientas y técnicas diseñadas para ayudar a las personas a organizar sus tareas, priorizar actividades y maximizar la eficiencia. A continuación, describiré algunas técnicas de gestión del tiempo junto con herramientas que pueden apoyar cada una de ellas:

Técnicas de Gestión del Tiempo:

1. Método Pomodoro:

- **Técnica**: Divide el trabajo en intervalos de 25 minutos, llamados 'pomodoros', separados por breves descansos.

- **Herramientas**: Apps como **Focus Booster** o **Tomato Timer** ayudan a temporizar estos intervalos.

2. Técnica Eisenhower Matrix:

- **Técnica**: Ayuda a priorizar tareas basándose en su urgencia e importancia.

- **Herramientas**: Aplicaciones como **Trello** o **Todoist** se pueden utilizar para categorizar y priorizar tareas en cuadrantes.

3. Regla 2-Minutos:

- **Técnica**: Si una acción puede hacerse en dos minutos o menos, hazla de inmediato.

- **Herramientas**: Herramientas simples de toma de notas como **Google Keep** o **Apple Notes** pueden ser útiles para recordar estas pequeñas tareas.

4. Método GTD (Getting Things Done):

- **Técnica**: Es un sistema para organizar y rastrear tareas y proyectos.

- **Herramientas**: **Evernote** para la recopilación de ideas y tareas, y **OmniFocus** o **Things** para un sistema GTD más robusto.

Herramientas de Productividad y Gestión del Tiempo:

1. Aplicaciones de Lista de Tareas:

- **Todoist**: Una app de listas de tareas que permite gestionar tareas personales y profesionales, establecer recordatorios y prioridades.

- **Microsoft To Do**: Integrado con Office 365, ayuda a crear listas de tareas diarias y personalizadas.

2. Herramientas de Gestión de Proyectos:

- **Asana**: Una plataforma de gestión de trabajo que facilita la planificación, organización y seguimiento del progreso de las tareas de los equipos.

- **Jira**: Muy usado en desarrollo de software, para rastrear bugs y organizar el trabajo en sprints.

3. Herramientas de Calendarización:

- **Google Calendar**: Permite organizar el horario con eventos, recordatorios y metas, fácil de compartir con otros.

- **Outlook Calendar**: Parte del ecosistema de Microsoft, se integra con el correo y otros servicios de Office.

4. Software de Notas y Documentación:

- **Evernote**: Un gestor de notas robusto que permite guardar ideas, fotos, y notas de voz.

- **OneNote**: Parte del paquete de Microsoft, sirve para tomar notas en distintos formatos.

5. Aplicaciones de Concentración y Bloqueo de Distraiciones:

- **Freedom**: Bloquea sitios web y aplicaciones distractoras en todos los dispositivos durante los períodos de trabajo.

- **Cold Turkey Blocker**: Permite bloquear de manera temporal sitios web y aplicaciones que distraen para mantener el enfoque.

6. Herramientas de Automatización de Tareas:

- **IFTTT** (If This Then That): Permite crear cadenas de comandos para automatizar tareas entre diferentes apps y dispositivos.

- **Zapier**: Conecta tus aplicaciones favoritas y automatiza flujos de trabajo sin necesidad de codificación.

7. Software de Seguimiento del Tiempo:

- **Toggl**: Una herramienta de seguimiento del tiempo con funcionalidades poderosas y reportes detallados.

- **Harvest**: Combina seguimiento del tiempo con facturación y presupuestos, ideal para freelancers y agencias.

El uso efectivo de estas herramientas y técnicas puede no solo mejorar la eficiencia del trabajo, sino también aumentar la calidad del tiempo libre, reduciendo el estrés y permitiendo un mejor balance entre vida y trabajo. Es importante recordar que la clave está en encontrar la combinación de herramientas y técnicas que mejor se adapten a tu flujo de trabajo personal o a las necesidades de tu equipo.

Uso de software de análisis de datos para tomar mejores decisiones financieras.

El uso de software de análisis de datos para la toma de decisiones financieras es un área crítica que combina la tecnología de la información con la gestión financiera. La idea es recopilar, procesar y analizar conjuntos de datos grandes y complejos para descubrir patrones, tendencias y relaciones que puedan influir en decisiones financieras inteligentes y basadas en evidencias.

Importancia del Análisis de Datos en Finanzas:

1. **Toma de Decisiones Basada en Datos:**

   - Ayuda a tomar decisiones basadas en datos concretos en lugar de la intuición.

2. **Identificación de Tendencias:**

   - Revela tendencias del mercado y del comportamiento del consumidor que de otro modo podrían pasar desapercibidas.

3. **Gestión de Riesgos:**

   - Permite identificar y evaluar los riesgos financieros, mejorando la estrategia de mitigación.

4. **Optimización de Inversiones:**

Ayuda a las instituciones y a los individuos a crear carteras de inversión optimizadas y diversificadas.

5. **Predicción de Mercados:**

  - Utiliza el modelado predictivo para pronosticar movimientos futuros del mercado.

6. **Personalización de Productos y Servicios:**

  - Permite a las empresas financieras personalizar productos y servicios según las necesidades del cliente.

Ejemplos de Software de Análisis de Datos:

1. Microsoft Excel:

  - Aunque no es una herramienta de análisis de datos avanzada, Excel es ampliamente utilizado para análisis financieros debido a su accesibilidad y las funciones avanzadas como las tablas dinámicas y el modelado financiero.

2. Tableau:

  - Una herramienta de visualización de datos líder que permite a los usuarios crear visualizaciones interactivas y compartir ideas sobre datos financieros complejos.

3. Power BI de Microsoft:

  - Un conjunto de herramientas de análisis de negocios que permite convertir datos de diferentes fuentes de datos en paneles interactivos y análisis de BI (Business Intelligence).

4. SAS Analytics:

  Proporciona un entorno analítico avanzado con capacidades para el análisis estadístico, la minería de datos, el pronóstico y la optimización, muy usado en instituciones financieras.

5. IBM Cognos Analytics:

- Una plataforma de inteligencia empresarial que proporciona funcionalidades de análisis de datos, visualización de datos y creación de informes.

6. Google Data Studio:

- Una herramienta gratuita que convierte datos en informes y paneles personalizables, fácil de usar para analizar datos financieros.

7. QuickBooks:

- Popular en pequeñas y medianas empresas para la contabilidad y la gestión financiera; aunque su enfoque principal no es el análisis de datos, ofrece informes y perspectivas útiles.

8. R y Python:

- No son software de análisis per se, pero son lenguajes de programación con poderosas librerías y herramientas para el análisis estadístico y de datos (p. ej., pandas, NumPy, Matplotlib en Python o ggplot2 y dplyr en R).

9. Stata:

Una herramienta de análisis de datos completa y flexible que es particularmente fuerte en el análisis de datos de series de tiempo y panel, lo que es útil para datos financieros.

10. Quicken: - Es una herramienta de gestión de finanzas personales que ofrece algunas capacidades de análisis y elaboración de presupuestos.

Consideraciones para el Uso del Análisis de Datos:

- **Calidad de los Datos:**

    - La calidad del análisis depende de la calidad de los datos ingresados.

- **Conocimiento Especializado:**

    - Se requiere un cierto nivel de habilidad y conocimiento para interpretar correctamente los datos y los resultados del análisis.

- **Privacidad y Seguridad:**

    - Los datos financieros son sensibles y deben ser manejados con fuertes medidas de seguridad y privacidad.

- **Integración de Sistemas:**

    - La capacidad para integrar diferentes fuentes de datos y sistemas es fundamental para un análisis completo.

- **Actualización Continua:**

    - Los datos financieros pueden cambiar rápidamente; los sistemas de análisis deben ser capaces de actualizar la información y los análisis en tiempo real o cerca de él.

La clave del éxito en el uso de software de análisis de datos en finanzas es saber qué herramienta se adapta mejor a las necesidades específicas de análisis, reporte y proyección financiera de la empresa o la persona.

Riesgos y Consideraciones Éticas

Seguridad cibernética y privacidad de datos.

La seguridad cibernética y la privacidad de datos son elementos esenciales en el panorama digital actual, especialmente cuando se trata de información financiera y personal. La seguridad cibernética se refiere a las prácticas y tecnologías que protegen sistemas, redes y programas de ataques digitales, mientras que la privacidad de datos se ocupa de la correcta manipulación de los datos, incluyendo la protección de la confidencialidad y la restricción del acceso a los mismos.

Conceptos Fundamentales

1. **Ciberseguridad:**

   - Incluye tecnologías como firewalls, antivirus, cifrado de datos, y herramientas de detección y respuesta a intrusiones (EDR).

   - Implica prácticas como la autenticación de dos factores, la seguridad de la red y el monitoreo proactivo de amenazas.

2. **Privacidad de Datos:**

   - Comprende leyes y regulaciones como el GDPR en Europa o la CCPA en California.

Se basa en prácticas de manejo de datos personales, como la minimización de datos, el consentimiento del usuario para la recopilación de datos y la transparencia sobre el uso de datos.

Ejemplos en la Práctica

Protección contra Malware y Ransomware:

- **Ejemplo:** Un hospital implementa un avanzado sistema de detección y respuesta a endpoints (EDR) para proteger los registros de los pacientes de ransomware. Esto es crítico, ya que un ataque podría no solo comprometer la privacidad de los pacientes sino también interrumpir servicios vitales.

Autenticación Fuerte:

- **Ejemplo:** Un banco utiliza autenticación multifactorial para todas las transacciones en línea, combinando algo que el usuario sabe (contraseña), algo que el usuario tiene (un teléfono celular con una aplicación de autenticación) y algo que el usuario es (biometría como huellas dactilares).

Cifrado de Datos:

- **Ejemplo:** Una empresa de comercio electrónico utiliza cifrado SSL/TLS para todas las comunicaciones entre los clientes y sus servidores, asegurando que los detalles de las tarjetas de crédito y las transacciones sean inaccesibles para los interceptores.

Privacidad por Diseño:

Ejemplo: Una aplicación de redes sociales desarrolla su plataforma con la privacidad por diseño, asegurándose de que la privacidad del usuario se mantenga en todas las etapas del desarrollo de productos, ofreciendo a los usuarios control sobre sus datos y evitando la recopilación de datos innecesarios.

Cumplimiento Regulatorio:

- **Ejemplo:** Una multinacional asegura el cumplimiento del GDPR mediante la implementación de procesos para obtener el consentimiento de los usuarios de la UE para la recopilación de datos, permitiendo a los usuarios acceder, corregir y eliminar sus datos personales de la base de datos de la empresa.

Programas de Concienciación:

- **Ejemplo:** Una organización lleva a cabo formaciones regulares de concienciación sobre ciberseguridad para sus empleados, enseñándoles sobre las amenazas actuales como el phishing y cómo pueden evitar ser víctimas de estos ataques.

Evaluaciones de Impacto de Privacidad:

- **Ejemplo:** Antes de lanzar un nuevo producto, una empresa tecnológica realiza una Evaluación de Impacto en la Protección de Datos (DPIA) para identificar y mitigar riesgos relacionados con la privacidad de los datos personales.

Sistemas de Detección de Intrusos:

Ejemplo: Una red corporativa utiliza sistemas de detección de intrusos (IDS) para monitorear continuamente el tráfico de la red en busca de actividades sospechosas y alertar a los administradores de la red sobre posibles brechas de seguridad.

Desafíos y Consideraciones

- **Desarrollo Tecnológico Constante:**

  - La seguridad cibernética es una carrera armamentista; las defensas deben evolucionar constantemente para mantenerse al día con las amenazas emergentes.

- **Equilibrio entre Conveniencia y Seguridad:**

  - Demasiadas medidas de seguridad pueden dificultar la usabilidad, mientras que demasiada conveniencia puede abrir vulnerabilidades.

- **Cadena de Suministro de TI:**

  - Las vulnerabilidades pueden introducirse a través de terceros, por lo que la seguridad de la cadena de suministro es crucial.

- **Regulaciones Cambiantes:**

  - Las leyes de privacidad de datos están en constante cambio, lo que requiere que las organizaciones se mantengan informadas y adaptables.

- **Ataques Sofisticados:**

Los atacantes utilizan tácticas cada vez más sofisticadas, incluyendo inteligencia artificial y aprendizaje automático para mejorar sus ataques.

La seguridad cibernética y la privacidad de los datos no solo protegen contra pérdidas financieras y daños a la reputación, sino que también son fundamentales para mantener la confianza del cliente y cumplir con las obligaciones legales. Su importancia solo puede aumentar a medida que avanzamos en una era cada vez más digitalizada.

Riesgos financieros y regulaciones de nuevas tecnologías.

La integración de nuevas tecnologías en el sector financiero, a menudo referida como fintech, trae consigo un conjunto de riesgos y desafíos regulatorios que deben ser cuidadosamente gestionados tanto por las empresas como por los reguladores. Estos desafíos abarcan desde la protección de datos hasta la prevención del lavado de dinero y la estabilidad del sistema financiero en general.

Riesgos Financieros de Nuevas Tecnologías

1. **Riesgo de Crédito y de Mercado:**

   - Las plataformas de préstamos peer-to-peer (P2P) pueden no tener los mismos controles rigurosos para la evaluación de la solvencia que los bancos tradicionales, aumentando el riesgo de crédito.

La inversión en criptomonedas y activos digitales es altamente volátil, lo que implica un significativo riesgo de mercado.

2. **Riesgo Operacional y de Ciberseguridad:**

   - Las empresas que dependen de la tecnología son vulnerables a fallos técnicos, cortes de servicios en la nube y ataques cibernéticos que pueden resultar en pérdidas financieras significativas y la pérdida de confianza del cliente.

3. **Riesgo de Liquidez:**

   - Algunos productos financieros digitales pueden carecer de mercados secundarios desarrollados, lo que podría resultar en una liquidez limitada para los inversores en momentos de tensión del mercado.

4. **Riesgo Legal y de Cumplimiento:**

- La rápida evolución de la tecnología puede resultar en un vacío legal o en regulaciones que no consiguen mantener el ritmo, lo que lleva a incertidumbre y exposición a litigios.

5. **Riesgo de Concentración:**

- La dependencia de ciertas tecnologías o plataformas puede llevar a un riesgo de concentración si estas tecnologías o plataformas fallan.

Regulaciones de Nuevas Tecnologías

1. **Protección de Datos y Privacidad:**

- Regulaciones como el GDPR en Europa imponen estrictos requisitos sobre cómo las empresas pueden recolectar, almacenar y utilizar datos personales.

2. **Prevención de Lavado de Dinero (AML) y Conocimiento del Cliente (KYC):**

- Las fintechs deben implementar procesos robustos de AML y KYC para evitar que sus plataformas sean utilizadas para actividades ilegales.

3. **Regulación de Pagos:**

- Directivas como la PSD2 en la Unión Europea han establecido un marco legal para los servicios de pago y la protección del consumidor.

4. **Regulaciones sobre Criptomonedas y Activos Digitales:**

   - A nivel mundial, hay una variedad de enfoques hacia la regulación de criptomonedas, desde marcos regulatorios específicos hasta la completa prohibición.

5. **Regulaciones sobre Ciberseguridad:**

   - Los organismos reguladores exigen a las instituciones financieras implementar medidas de ciberseguridad para proteger la integridad y estabilidad del sistema financiero.

6. **Regulaciones de Tecnología Financiera:**

   - Algunos países han establecido "arenas de pruebas" regulatorias o sandboxes para permitir que las fintechs prueben sus innovaciones en un entorno controlado.

Desafíos para Reguladores

- **Pace of Innovation:** Mantenerse al día con la velocidad de la innovación tecnológica es un desafío constante para los reguladores.

- **Equilibrio entre Innovación y Protección:** Encontrar el equilibrio correcto entre permitir la innovación y proteger a los consumidores y la estabilidad del sistema financiero es clave.

- **Cooperación Internacional:** Dado que la tecnología y las finanzas operan en un mercado global, es esencial la cooperación entre reguladores internacionales para gestionar los riesgos asociados con las fintech.

- **Educación del Consumidor:** A medida que surgen nuevas tecnologías, los reguladores también enfrentan el desafío de educar al público sobre los riesgos potenciales.

La gestión de estos riesgos y la adhesión a las regulaciones correspondientes es crucial no solo para la viabilidad a largo plazo de las empresas de tecnología financiera sino también para la protección de los consumidores y la salud del sistema financiero en su conjunto.

Impacto social y ético de la tecnología en la economía.

El impacto social y ético de la tecnología en la economía es profundo y multifacético. A medida que la tecnología continúa avanzando, su interacción con los aspectos sociales y éticos de la vida se vuelve cada vez más compleja y significativa. Aquí hay varios ejemplos de cómo la tecnología puede afectar la economía desde una perspectiva social y ética:

Acceso e Inclusión Financiera

Ejemplo:

- **Tecnologías Móviles en África:** La adopción de servicios de dinero móvil como M-Pesa en Kenia ha revolucionado el acceso financiero para personas que anteriormente estaban excluidas del sistema bancario tradicional. Esto ha tenido efectos transformadores en la economía local, permitiendo a los pequeños empresarios y comerciantes realizar transacciones financieras de manera segura y eficiente.

Automatización y Empleo

Ejemplo:

- **Automatización en la Manufactura:** El uso de robots en la industria automotriz ha reemplazado puestos de trabajo que solían ser ocupados por humanos, lo que plantea preocupaciones sobre el desempleo y la necesidad de reentrenar a la fuerza laboral para empleos en el sector tecnológico.

Privacidad de Datos y Vigilancia

Ejemplo:

- **Redes Sociales y Publicidad:** Empresas como Facebook (ahora Meta) utilizan datos detallados de los usuarios para permitir la publicidad dirigida. Esto plantea preguntas éticas sobre la privacidad de los usuarios y el grado de vigilancia que las plataformas digitales deben poder ejercer.

Sesgo y Discriminación Algorítmica

Ejemplo:

- **Algoritmos de Crédito:** Los algoritmos de puntuación crediticia pueden incorporar sesgos inconscientes que resultan en tasas de aprobación de préstamos desiguales para minorías o ciertos grupos demográficos, perpetuando la discriminación económica.

Impacto Ambiental

Ejemplo:

- **Centros de Datos y Consumo de Energía:** Los centros de datos que alimentan la nube y los servicios en línea consumen grandes cantidades de electricidad, lo que aumenta la huella de carbono de la industria tecnológica y plantea cuestiones éticas sobre el uso sostenible de los recursos.

Manipulación y Desinformación

Ejemplo:

- **Campañas de Desinformación en Línea:** La propagación de noticias falsas a través de plataformas de redes sociales puede influir en las elecciones y socavar las democracias, lo que desafía los principios éticos de la libertad y la integridad de la información.

Salud Mental

Ejemplo:

- **Adicción a los Smartphones:** El diseño de aplicaciones y juegos frecuentemente se hace para fomentar la adicción y el uso compulsivo, especialmente entre los jóvenes, lo que plantea preguntas sobre la responsabilidad corporativa y el bienestar mental.

Desigualdad Económica

Ejemplo:

- **Gig Economy y Trabajo Precario:** Plataformas como Uber y TaskRabbit han creado oportunidades para trabajos flexibles, pero también han sido criticadas por falta de beneficios laborales y seguridad en el empleo, contribuyendo a la precariedad laboral.

Ética en la Inteligencia Artificial

Ejemplo:

- **Reconocimiento Facial:** El uso de tecnología de reconocimiento facial por parte de las fuerzas del orden ha suscitado preocupaciones sobre la vigilancia masiva y los errores de identificación que pueden afectar desproporcionadamente a ciertos grupos étnicos.

Estos ejemplos muestran cómo la tecnología puede tener un impacto significativo en la economía no solo en términos de productividad y eficiencia sino también en la estructura social y en las cuestiones éticas que definen nuestra sociedad. Cada avance tecnológico trae consigo la necesidad de un análisis crítico de sus consecuencias sociales y la implementación de prácticas que promuevan la equidad, la justicia y el bienestar común.

Desarrollo Personal y Habilidades

Educación continua y aprendizaje en línea.

La educación continua y el aprendizaje en línea son dos aspectos esenciales en la adaptación a las cambiantes demandas de la economía moderna y tecnológica. Con la proliferación de nuevas tecnologías y la constante evolución del mercado laboral, la necesidad de actualización de habilidades y conocimientos es continua. A continuación, se detallan varios aspectos clave de la educación continua y el aprendizaje en línea:

Ventajas de la Educación Continua y el Aprendizaje en Línea

1. **Flexibilidad:**

   - Los estudiantes pueden aprender a su propio ritmo y en horarios que se ajustan a sus compromisos laborales y personales.

2. **Acceso:**

   - Se elimina la barrera geográfica, permitiendo que individuos de todo el mundo accedan a contenidos educativos de calidad.

3. **Costo-Efectividad:**

   - Muchos recursos educativos en línea son gratuitos o tienen un costo menor en comparación con la educación tradicional.

4. **Variedad de Ofertas:**

   - Hay una amplia gama de cursos disponibles que cubren prácticamente cualquier campo o habilidad imaginable.

Modalidades de Aprendizaje en Línea

1. **MOOCs (Massive Open Online Courses):**

   - Plataformas como Coursera, edX y Udemy ofrecen cursos desarrollados por universidades y expertos de la industria en una multitud de temas.

2. **Programas de Certificación y Microcredenciales:**

   - Estos programas permiten a los profesionales obtener certificaciones específicas que demuestran competencias en áreas particulares.

3. **Webinars y Talleres en Línea:**

   - Los expertos y las organizaciones a menudo ofrecen sesiones en vivo para educación continua en forma de seminarios web y talleres.

4. **Aprendizaje Personalizado:**

   - Las plataformas de inteligencia artificial y aprendizaje adaptativo ofrecen experiencias de aprendizaje personalizadas basadas en la velocidad y el estilo de aprendizaje de cada usuario.

5. **Grados Académicos en Línea:**

   - Muchas instituciones ofrecen ahora la posibilidad de obtener títulos completos en línea, desde licenciaturas hasta doctorados.

Desarrollo Profesional a Través del Aprendizaje en Línea

- **Actualización de Habilidades Tecnológicas:**

  - Los cursos en línea sobre programación, análisis de datos, ciberseguridad, etc., son esenciales para mantenerse al día con las habilidades demandadas.

- **Habilidades Blandas:**

  - Cursos de liderazgo, comunicación y gestión del tiempo son igualmente importantes y están ampliamente disponibles en línea.

- **Transición de Carrera:**

  - Los profesionales que buscan cambiar de industria pueden aprovechar el aprendizaje en línea para adquirir conocimientos en un nuevo campo sin comprometer su trabajo actual.

Ejemplos de Plataformas de Aprendizaje en Línea

- **Coursera y edX:**

  - Ofrecen cursos en asociación con universidades de renombre, incluyendo programas especializados y grados completos.

- **Udemy:**

  - Presenta una vasta selección de cursos en áreas tan diversas como desarrollo personal, negocios, IT y diseño.

- **LinkedIn Learning (anteriormente Lynda.com):**

  - Se enfoca en el desarrollo de habilidades profesionales con cursos que a menudo se integran con un perfil de LinkedIn.

- **Codecademy y Khan Academy:**

  - Proporcionan aprendizaje interactivo en programación y matemáticas, entre otras materias.

- **Pluralsight:**

  - Especializado en tecnología, software, IT y desarrollo de habilidades de programación con caminos de aprendizaje guiados.

El aprendizaje en línea y la educación continua representan una democratización de la educación, permitiendo a las personas de todas las edades y antecedentes mejorar sus habilidades y competencias. La actualización continua es clave en una economía que se mueve rápidamente hacia una mayor automatización y dependencia de las habilidades tecnológicas. La educación continua y el aprendizaje en línea no solo aumentan la empleabilidad de los individuos, sino que también contribuyen al crecimiento y la innovación económica al asegurar que la fuerza laboral esté preparada para los desafíos del futuro.

Habilidades técnicas necesarias para trabajos futuros

En el mundo en rápida evolución de hoy, las habilidades técnicas necesarias para los trabajos del futuro son aquellas que permiten a los trabajadores diseñar, controlar, operar y adaptarse a las tecnologías avanzadas que impulsan la innovación y la eficiencia. A continuación, se presenta una lista de habilidades técnicas clave que se prevé serán cruciales en la fuerza laboral futura:

Alfabetización en Datos

- **Análisis de datos:** capacidad para recolectar, procesar y analizar grandes conjuntos de datos para extraer insights útiles.

- **Visualización de datos:** habilidad para representar datos de forma comprensible y visualmente atractiva, utilizando herramientas como Tableau o Power BI.

Programación y Desarrollo de Software

- **Lenguajes de programación:** como Python, JavaScript, Java, C++, y Ruby, que son fundamentales en el desarrollo de software, páginas web y aplicaciones móviles.

90

- **Desarrollo de aplicaciones móviles:** habilidades específicas en plataformas iOS y Android.

- **Desarrollo web:** conocimientos en HTML, CSS, y frameworks como React o Angular.

- **Desarrollo backend:** manejo de servidores, aplicaciones y bases de datos con tecnologías como Node.js, Ruby on Rails, o Django.

Ciberseguridad

- **Seguridad de la información:** conocimientos para proteger la información de amenazas cibernéticas y violaciones de datos.

- **Criptografía:** entender los principios de codificación y decodificación de información para protegerla.

- **Pen testing:** habilidades para realizar pruebas de penetración y evaluar vulnerabilidades en sistemas y redes.

Inteligencia Artificial y Aprendizaje Automático

- **Machine Learning:** desarrollo de algoritmos que permitan a las máquinas aprender y mejorar a partir de la experiencia.

- **Procesamiento de lenguaje natural (PLN):** tecnologías que permiten a las máquinas entender y responder a texto y voz humanos.

- **Robótica:** programación y manejo de robots para tareas específicas.

Diseño y Manufactura

- **CAD (Diseño Asistido por Computadora):** habilidades para utilizar software de diseño como AutoCAD o SolidWorks.

- **Manufactura aditiva:** conocimientos en impresión 3D y prototipado rápido.

Automatización: conocimientos en sistemas de control y PLC (Controlador Lógico Programable). **Cloud Computing**

- **Infraestructura como servicio (IaaS):** manejo de servidores virtuales y almacenamiento en la nube.

- **Plataforma como servicio (PaaS):** desarrollo y despliegue de aplicaciones en entornos en la nube.

- **Software como servicio (SaaS):** uso y personalización de software basado en la nube.

Internet de las Cosas (IoT)

- **Sensores y dispositivos inteligentes:** diseño y mantenimiento de dispositivos conectados.

- **Análisis de redes:** monitoreo y gestión de redes de dispositivos IoT.

Energía y Tecnologías Sostenibles

- **Energías renovables:** conocimientos en tecnologías de energía solar, eólica, geotérmica y otras fuentes sostenibles.

- **Eficiencia energética:** habilidades para mejorar el consumo y la conservación de energía en diferentes sistemas.

Competencias Transversales en Tecnología

- **Pensamiento crítico y resolución de problemas:** habilidades para enfrentar y resolver desafíos complejos que se presentan en la tecnología.

Aprendizaje continuo: capacidad para mantenerse actualizado con los rápidos cambios en tecnología. Estas habilidades técnicas no solo serán valiosas para empleos específicos en tecnología, sino que serán cada vez más importantes en una variedad de industrias, ya que la digitalización y la automatización se integran en todos los aspectos de la economía moderna. Los trabajadores que puedan adaptarse y aprender continuamente estarán mejor posicionados para tener éxito en el mercado laboral del futuro.

Networking y construcción de una marca personal en línea.

El networking y la construcción de una marca personal en línea son fundamentales en la era digital, ya que pueden abrir puertas a oportunidades de trabajo, colaboraciones y crecimiento profesional. A continuación, desgloso cada uno y proporciono ejemplos prácticos:

Networking en Línea

Definición y Propósito: Networking en línea es el proceso de construir y cultivar relaciones profesionales a través de plataformas de internet. Su propósito es ampliar el alcance profesional, encontrar mentores, socios, clientes o empleadores, y compartir recursos e ideas.

Estrategias Clave:

- **Participar en Grupos Profesionales:** Ejemplo: Unirse a grupos de LinkedIn relevantes para tu industria y participar en discusiones.

Conferencias y Webinars Virtuales: Ejemplo: Asistir a eventos en línea como la Web Summit y conectar con otros asistentes a través de las funciones de networking que ofrecen.

- **Redes Sociales Profesionales:** Ejemplo: Utilizar LinkedIn para conectarse con líderes de la industria, compartir contenido relevante y escribir artículos que muestren tu expertise.

- **Plataformas de Colaboración:** Ejemplo: Participar en proyectos de código abierto en GitHub o contribuir en plataformas como Stack Overflow.

Herramientas de Networking:

- **LinkedIn:** Para crear un perfil profesional, unirse a grupos, publicar artículos y conectar con profesionales.

- **Twitter:** Útil para seguir a influencers de la industria y participar en conversaciones mediante hashtags relevantes.

- **Meetup:** Para encontrar eventos y comunidades locales y virtuales según tus intereses profesionales.

Construcción de Marca Personal en Línea

Definición y Propósito: La construcción de marca personal se refiere a la forma en que te presentas y promueves en línea para establecer tu reputación y credibilidad en tu campo. El propósito es diferenciarte, demostrar tu valor y atraer oportunidades.

Estrategias Clave:

Identidad Coherente: Ejemplo: Usar la misma foto profesional y biografía en todas tus plataformas en línea para establecer reconocimiento.

- **Contenido de Valor:** Ejemplo: Crear un blog en el que escribas sobre tendencias de tu sector, compartiendo tus posts en redes sociales.

- **Storytelling:** Ejemplo: Compartir tu viaje profesional en Instagram con historias que ilustran tus logros y lecciones aprendidas.

Herramientas para Construir tu Marca Personal:

- **Blogs:** WordPress o Medium para publicar tus ideas y establecerte como un pensador líder.

- **Redes Sociales:** Instagram y Twitter para compartir tu vida profesional y tus insights.

- **Herramientas de Diseño:** Canva para crear gráficos que acompañen tu contenido.

- **Sitios Web Personales:** Squarespace o Wix para tener un espacio propio que centralice tu presencia en línea.

Ejemplos Prácticos

- **Networking:**

  - Ana, una desarrolladora de software, asiste a un hackathon virtual y conecta con otros desarrolladores en Slack. A partir de ahí, forma un equipo de colaboración para nuevos proyectos.

- **Marca Personal:**

  - Carlos, un especialista en marketing digital, crea una serie de tutoriales en video sobre SEO y los comparte en YouTube. Complementa esto con un podcast sobre las últimas tendencias de marketing, estableciéndose como una autoridad en el tema.

Integración de Networking y Marca Personal:

La clave está en integrar tus esfuerzos de networking y marca personal para reforzarse mutuamente. Por ejemplo, podrías utilizar tu blog personal para compartir conocimientos y luego usar LinkedIn para promocionar tus artículos y conectar con otros profesionales interesados en tus temas.

En resumen, tanto el networking como la construcción de una marca personal requieren consistencia, autenticidad y estrategia. Al hacerlo bien, no solo puedes expandir tu red profesional, sino también establecer una sólida reputación en línea que pueda llevar tu carrera al siguiente nivel.

Plan de Acción y Estrategias a Largo Plazo

Cómo crear un plan de acción personalizado.

Crear un plan de acción personalizado es esencial para alcanzar metas específicas, ya sea en el desarrollo personal, profesional o financiero. Este plan actúa como un mapa de ruta que detalla los pasos que necesitas seguir para llegar a tu destino deseado. Aquí te presento cómo desarrollar uno, acompañado de ejemplos concretos:

Paso 1: Definir Objetivos Claros y Medibles

> **Ejemplo:** Objetivo: Convertirse en desarrollador de software freelance con ingresos estables de USD 5,000 mensuales en un año.

Paso 2: Realizar un Análisis de Situación

> **Ejemplo:** Análisis: Tengo experiencia en Java y Python, pero necesito mejorar mis habilidades en JavaScript y frameworks como React. Además, debo construir un portafolio en línea y establecer una red de contactos en la industria.

Paso 3: Establecer Metas a Corto, Mediano y Largo Plazo

Ejemplo:

- **Corto plazo (1-3 meses):** Completar un curso avanzado de JavaScript y React.

- **Mediano plazo (4-6 meses):** Desarrollar 3 proyectos para un portafolio en línea y asistir a dos eventos de networking.

- **Largo plazo (6-12 meses):** Comenzar a trabajar como freelance y alcanzar al menos USD 1,000 mensuales al noveno mes.

Paso 4: Diseñar Estrategias Específicas

Ejemplo:

- Inscribirse en un curso certificado en línea.

- Usar las noches de los fines de semana para trabajar en proyectos personales que se añadirán al portafolio.

- Asistir a eventos locales y virtuales de tecnología para hacer networking.

Paso 5: Asignar Recursos y Herramientas

Ejemplo:

- Utilizar plataformas como Udemy o Coursera para cursos.

- Github para alojar proyectos de portafolio.

- LinkedIn y Meetup para oportunidades de networking.

Paso 6: Crear un Cronograma de Acciones

Ejemplo:

- **Mes 1-3:** Compleción del curso de JavaScript y React.

- **Mes 4:** Desarrollo del primer proyecto de portafolio.

Mes 5-6: Networking en eventos y desarrollo de dos proyectos adicionales.

Paso 7: Establecer Indicadores de Progreso

Ejemplo:

- Número de módulos del curso completados semanalmente.

- Proyectos añadidos al portafolio.

- Número de conexiones profesionales nuevas cada mes.

Paso 8: Implementar el Plan y Monitorear el Progreso

Ejemplo:

- Revisión semanal de los objetivos del curso y ajustes según sea necesario.

- Sesiones mensuales de revisión de proyectos de portafolio para asegurarse de que reflejen las habilidades deseadas.

- Seguimiento de las conexiones realizadas después de cada evento de networking.

Paso 9: Evaluación y Ajuste

Ejemplo:

- **Cada trimestre:** Evaluación de ingresos de freelance y calidad de proyectos de portafolio.

  Ajustes en la estrategia de marketing personal si los ingresos o la red de contactos no crecen según lo esperado.

Ejemplo Concreto de Plan de Acción:

Supongamos que Laura es una profesional de marketing que quiere transicionar a una carrera en análisis de datos en un año.

1. **Objetivos:** Ser contratada como analista de datos junior en un año.

2. **Análisis:** Conocimiento actual en marketing y estadísticas básicas, necesita aprender SQL, Python y herramientas de visualización de datos.

3. **Metas a corto plazo:** Completar cursos introductorios de SQL y Python en 3 meses.

4. **Estrategias:** Inscripción en cursos especializados en DataCamp y práctica con proyectos pequeños.

5. **Recursos:** Cursos en línea, libros, foros de la comunidad como Stack Overflow.

6. **Cronograma:** Curso de SQL en el primer mes, Python en los siguientes dos meses, luego proyectos personales y cursos de visualización de datos.

7. **Indicadores:** Certificados obtenidos, proyectos completados y retroalimentación en foros.

8. **Implementación y Monitoreo:** Revisión semanal del avance en los cursos y proyectos de datos.

9. **Evaluación:** Si al sexto mes no se siente segura con Python, considerar un tutor o un curso intensivo.

Recuerda que un plan de acción es dinámico; deberías estar dispuesto a hacer ajustes según los resultados que vayas obteniendo y las oportunidades o desafíos que se presenten en el camino. Todo esto es con el ejemplo de convertirse en desarrollador de software freelance, pero puede ser aplicable a cualquier otro oficio al que desees.

Fijación de metas y revisión de progresos.

La fijación de metas y la revisión de progresos son pasos cruciales para lograr la independencia económica y aprovechar las nuevas tecnologías. Este proceso puede subdividirse en varias fases, y aquí te proporcionaré una explicación detallada de cada una con ejemplos concretos.

Fase 1: Fijación de Metas

Establecer Metas SMART (Específicas, Medibles, Alcanzables, Relevantes y Temporales):

Ejemplo 1: Emprendimiento en E-commerce Meta SMART: Lanzar una tienda de comercio electrónico de accesorios de moda sostenibles y generar ventas de $10,000 en los primeros 6 meses.

Ejemplo 2: Monetización de un Blog Meta SMART: Crecer la audiencia del blog sobre desarrollo personal a 10,000 visitantes únicos mensuales y monetizar a través de afiliados generando $500 mensuales en un año.

Fase 2: Planificación y Acción

Desglose de Metas en Tareas Específicas:

Ejemplo para E-commerce:

- Investigar proveedores y productos.

- Crear la marca y diseño web.

Desarrollar una estrategia de marketing digital.

Ejemplo para Blog:

- Publicar contenido semanal de alta calidad.

- Optimizar el SEO del blog.

- Crear y mantener una lista de correo electrónico.

Fase 3: Seguimiento y Revisión de Progresos

Establecimiento de Puntos de Control Regulares:

Ejemplo para E-commerce:

- Semanal: Revisar y ajustar campañas publicitarias.

- Mensual: Analizar las métricas de ventas y visitas al sitio.

- Trimestral: Evaluar la satisfacción del cliente y revisar la gama de productos.

Ejemplo para Blog:

- Semanal: Medir el tráfico web y la interacción en redes sociales.

- Mensual: Evaluar el crecimiento de la lista de suscriptores y los ingresos por afiliados.

- Trimestral: Revisar el posicionamiento en motores de búsqueda y actualizar el contenido antiguo.

Fase 4: Ajuste y Mejora Continua

Revisión de Estrategias y Adaptación:

Ejemplo para E-commerce: Si las metas de ventas no se están cumpliendo, puede ser necesario revisar los precios, lanzar una nueva línea de productos o mejorar la estrategia de marketing.

Ejemplo para Blog: Si el tráfico web no crece según lo planeado, puede ser necesario mejorar la estrategia de SEO, aumentar la frecuencia de las publicaciones o cambiar el enfoque de los temas.

Ejemplos Concretos de Revisión de Progresos:

E-commerce:

- En el primer mes, Pedro lanzó su tienda de ropa deportiva. Su meta era de $1,000 en ventas, pero solo logró $700. Decidió revisar su estrategia publicitaria y encontró que las redes sociales eran su punto débil. Ajustó su enfoque en Instagram y duplicó su presupuesto de anuncios, lo que resultó en un aumento del 50% en ventas el siguiente mes.

Blog:

- María tenía un blog de cocina que alcanzaba 3,000 visitas mensuales. Se fijó la meta de llegar a 5,000 visitas en tres meses. Para ello, empezó a utilizar herramientas de análisis de SEO y mejoró sus títulos y descripciones. Además, invitó a otros bloggers a escribir posts invitados. Al final del trimestre, revisó y notó un aumento a 4,500 visitas, cerca de su objetivo, lo que la motivó a seguir optimizando y promocionando su blog.

En cada una de estas etapas, la clave está en ser específico, medir tus resultados, estar dispuesto a aprender y adaptarte, y mantener el enfoque en tus objetivos a largo plazo. Las tecnologías emergentes, como las plataformas de análisis de datos y las herramientas de automatización, pueden ser aliadas valiosas en la revisión y ajuste de tus progresos.

Sostenibilidad y adaptación al cambio tecnológico.

La sostenibilidad y la adaptación al cambio tecnológico son conceptos clave para empresas y profesionales que buscan mantenerse competitivos y responsables ante un panorama económico en constante evolución. A continuación, te presento estos conceptos con ejemplos específicos:

Sostenibilidad en los Negocios

Ejemplo 1: Empresa de Moda Sostenible Una empresa de moda decide utilizar materiales reciclados y procesos de fabricación que reducen el consumo de agua. Además, implementa una política de devolución donde los clientes pueden enviar ropa usada para su reciclaje a cambio de un descuento en futuras compras. Esto no solo mejora la huella ambiental de la empresa, sino que también fomenta la fidelidad de los clientes.

Ejemplo 2: Restaurante con Energía Renovable Un restaurante opta por fuentes de energía renovables para sus operaciones diarias, instalando paneles solares en su tejado y utilizando equipos de cocina eficientes energéticamente. Además, implementa un sistema de compostaje para los residuos orgánicos y ofrece menús basados en ingredientes locales y de temporada, reduciendo la huella de carbono.

Adaptación al Cambio Tecnológico

Ejemplo 1: Digitalización de una Librería Tradicional Frente al aumento de ventas en línea, una librería tradicional se adapta creando una plataforma de e-commerce donde los clientes pueden comprar libros físicos y e-books. También ofrece eventos de lectura y clubes de libros virtuales para mantener su comunidad de lectores comprometida en el entorno digital.

Ejemplo 2: Automatización en Manufactura Una empresa de manufactura introduce robots y sistemas de automatización para aumentar la eficiencia de su línea de producción. Al mismo tiempo, invierte en la capacitación de su fuerza laboral en habilidades de programación y mantenimiento de equipos automatizados, asegurando que los trabajadores se adapten a los nuevos roles tecnológicos.

Impacto y Estrategias de Adaptación

Estrategia 1: Formación Continua Las empresas pueden ofrecer formación continua a sus empleados para mantenerse al día con las últimas tecnologías. Por ejemplo, una empresa de TI puede ofrecer cursos regulares sobre nuevos lenguajes de programación o seguridad cibernética.

Estrategia 2: Agilidad y Flexibilidad Organizacional Para adaptarse rápidamente a los cambios tecnológicos, las empresas pueden adoptar estructuras organizativas más ágiles y flexibles. Por ejemplo, una empresa puede tener equipos de proyecto que se forman y reforman según las necesidades del mercado y las innovaciones tecnológicas.

Estrategia 3: Colaboración con Startups e Innovadores Las empresas establecidas pueden colaborar con startups y centros de innovación para explorar nuevas tecnologías. Por ejemplo, una compañía automotriz puede asociarse con una startup de vehículos eléctricos para desarrollar nuevos modelos de transporte sostenible.

Estrategia 4: Vigilancia Tecnológica Las empresas pueden implementar procesos de vigilancia tecnológica para anticipar y prepararse para los cambios. Esto puede incluir la suscripción a informes de tendencias, la participación en ferias de tecnología o la realización de laboratorios de I+D internos. En conclusión, la sostenibilidad y la adaptación al cambio tecnológico requieren una combinación de compromiso con prácticas responsables y una actitud proactiva hacia el aprendizaje y la innovación.

Al integrar estos enfoques en su estrategia central, las empresas no solo aseguran su viabilidad a largo plazo, sino que también contribuyen positivamente a la sociedad y al medio ambiente.

Inteligencia Artificial y todas sus ventajas

¿Qué es la Inteligencia Artificial?

La inteligencia artificial (IA) es el campo de estudio que se ocupa del diseño y desarrollo de sistemas computacionales capaces de realizar tareas que, tradicionalmente, han requerido de la inteligencia humana. Estas tareas incluyen el aprendizaje, el razonamiento, la resolución de problemas, la percepción, la comprensión del lenguaje natural y la creatividad.

La IA no fue creada por una sola persona, sino que es el resultado de décadas de investigación y desarrollo llevadas a cabo por muchos científicos e ingenieros. Alan Turing, un matemático británico, es a menudo citado como uno de los padres fundadores de la inteligencia artificial con su propuesta de la "máquina de Turing" y el "Test de Turing" para evaluar la capacidad de una máquina para exhibir un comportamiento inteligente equivalente al humano o indistinguible de este.

El desarrollo de la IA se ha acelerado en las últimas décadas debido a los avances en el poder computacional, la disponibilidad de grandes cantidades de datos (big data) y las mejoras en los algoritmos de aprendizaje automático.

Ejemplos de Software de IA y sus Usos

Asistentes Virtuales: Siri de Apple, Alexa de Amazon y el Asistente de Google utilizan IA para comprender y responder a comandos de voz, ayudando con tareas como la programación de alarmas, la búsqueda de información en línea y la automatización del hogar.

1. **Sistemas de Recomendación**: Plataformas como Netflix, YouTube y Spotify usan algoritmos de aprendizaje automático para analizar tus hábitos y preferencias de visualización o escucha para recomendarte contenido que podría gustarte.

2. **Procesamiento de Lenguaje Natural (PLN)**: Herramientas como Grammarly o Google Translate aplican IA para entender y mejorar la escritura o traducir texto entre idiomas, respectivamente.

3. **Vehículos Autónomos**: Tesla Autopilot y sistemas similares en otros vehículos usan IA para detectar el entorno y realizar tareas de conducción como girar, detenerse y cambiar de carril.

4. **Detección de Fraude**: Los sistemas de IA en el sector bancario y financiero analizan patrones de transacciones para identificar y prevenir el fraude.

5. **Diagnóstico Médico**: Software como IBM Watson puede ayudar a diagnosticar enfermedades analizando datos de salud del paciente, imágenes médicas y la literatura médica existente.

6. **Automatización Robótica de Procesos (RPA)**: Herramientas como UiPath y Blue Prism automatizan tareas repetitivas en negocios y oficinas mediante el uso de IA.

7. **Juegos**: IA como AlphaGo de DeepMind ha superado a humanos en juegos complejos como el Go, utilizando algoritmos avanzados de aprendizaje por refuerzo.

8. **Software de Edición de Fotos y Videos**: Programas como Adobe Photoshop están empezando a integrar capacidades de IA para mejorar la edición de imágenes mediante el reconocimiento y la manipulación inteligente de elementos dentro de las imágenes.

9. **Chatbots y Servicios al Cliente**: Empresas utilizan chatbots basados en IA para proporcionar soporte al cliente las 24 horas, optimizando las respuestas y personalizando la asistencia.

10. **Herramientas de Seguridad Informática**: Sistemas avanzados de IA monitorean y aprenden de las amenazas de seguridad cibernética para identificar y responder a incidentes de seguridad de manera más efectiva.

11. **Software de Diseño Generativo**: En ingeniería y arquitectura, la IA puede crear múltiples iteraciones de diseño basadas en restricciones y requisitos específicos, lo que permite a los diseñadores explorar opciones que no habían considerado.

Estos ejemplos representan solo una pequeña fracción de las aplicaciones actuales de la IA, que continúa expandiéndose a nuevos campos y aplicaciones, transformando industrias y la vida cotidiana.

Distintos softwares de IA y sus características de uso.

Aquí tienes una lista de programas y plataformas de inteligencia artificial notables y para qué se utilizan:

1. **IBM Watson**: Watson es capaz de procesar el lenguaje natural y es utilizado en diversas aplicaciones, desde diagnósticos médicos hasta soluciones empresariales y de atención al cliente.

2. **Google AI**: Incluye una variedad de herramientas y funciones, como el aprendizaje automático de TensorFlow, APIs de visión por computadora y procesamiento del lenguaje natural, así como la plataforma de desarrollo de aplicaciones de inteligencia artificial de Google Cloud.

3. **Amazon AI**: Ofrece servicios de IA que se utilizan para crear aplicaciones con tecnología de aprendizaje automático, incluyendo reconocimiento de voz con Amazon Lex, personalización y recomendación con Amazon Personalize y tecnologías de visión computarizada con Amazon Rekognition.

4. **Microsoft Azure AI**: Una colección de servicios de IA y herramientas de aprendizaje automático que permiten a los desarrolladores crear aplicaciones inteligentes, con servicios como Azure Cognitive Services y Azure Machine Learning.

5. **Salesforce Einstein**: Es la capa de inteligencia artificial dentro de la plataforma Salesforce que utiliza el aprendizaje automático, el procesamiento del lenguaje natural y la visión por computadora para mejorar el CRM.

6. **OpenAI GPT-3 y 4**: Un modelo de lenguaje generativo que puede generar texto coherente y relevante en base a una solicitud de entrada y se utiliza para aplicaciones como generación de contenido, chatbots y más.

7. **DeepMind**: Conocida por desarrollar AlphaGo, una IA que venció al campeón mundial de Go, DeepMind continúa investigando y desarrollando IA avanzada con aplicaciones en la salud, la energía y otros campos.

8. **Baidu AI**: Ofrece una gama de servicios de IA, incluyendo reconocimiento de voz y de imagen, así como plataformas de aprendizaje automático para desarrolladores.

9. **TensorFlow**: Es una biblioteca de código abierto para aprendizaje automático desarrollada por el equipo de Google Brain que permite la creación de modelos de IA para diferentes aplicaciones.

10. **H2O.ai**: Es una plataforma de código abierto para análisis predictivo que facilita el desarrollo de modelos de aprendizaje automático.

11. **UiPath**: Proporciona una plataforma de automatización robótica de procesos (RPA) que permite a las empresas automatizar tareas de escritorio repetitivas.

12. **Adobe Sensei**: Combina inteligencia artificial y aprendizaje automático para mejorar las herramientas de diseño y creación de contenido digital en productos de Adobe.

13. **Chatbots como Dialogflow (de Google) y Wit.ai (de Facebook)**: Estas herramientas proporcionan marcos y API para construir interfaces de conversación naturales en aplicaciones, dispositivos IoT y bots de mensajería.

14. **Autodesk AI**: Utilizada en el diseño asistido por computadora (CAD), la IA de Autodesk ayuda a los arquitectos e ingenieros a optimizar sus diseños y mejorar la eficiencia energética de los edificios.

15. **NVIDIA AI**: A través de su plataforma Deep Learning AI, NVIDIA proporciona herramientas y tecnologías para el entrenamiento de modelos de IA, especialmente en el procesamiento de gráficos y la visión por computadora.

Cada uno de estos programas y plataformas tiene aplicaciones específicas en sus respectivos campos y están en constante desarrollo para ampliar sus capacidades y facilitar nuevas aplicaciones de la inteligencia artificial.

Como hacer dinero con las herramientas de IA

La inteligencia artificial (IA) ofrece un amplio espectro de oportunidades para generar ingresos. Aquí tienes algunas maneras de hacer dinero utilizando herramientas de IA, junto con ejemplos concretos:

1. **Desarrollo y Venta de Aplicaciones de IA**: Crear aplicaciones que utilicen IA para resolver problemas específicos o mejorar procesos. Por ejemplo, puedes desarrollar una aplicación que use reconocimiento de imagen para identificar enfermedades de plantas y venderla al mercado agrícola.

2. **Freelancing de IA**: Ofrecer tus habilidades como científico de datos o ingeniero de aprendizaje automático en plataformas como Upwork o Toptal, desarrollando modelos personalizados para clientes.

3. **Chatbots para Atención al Cliente**: Usar plataformas como Dialogflow o Microsoft Bot Framework para desarrollar chatbots para empresas, mejorando su servicio al cliente. Los chatbots pueden manejar consultas básicas, liberando tiempo valioso para que el personal se enfoque en problemas más complejos.

4. **Automatización de Procesos de Negocio**: Implementar herramientas de automatización robótica de procesos (RPA) como UiPath para automatizar tareas repetitivas en empresas y cobrar por la consultoría y personalización del software.

5. **Análisis Predictivo**: Utilizar TensorFlow o H2O.ai para ofrecer servicios de análisis predictivo. Por ejemplo, podrías ayudar a las empresas de retail a prever las tendencias de ventas y gestionar el inventario.

6. **Personalización y Recomendaciones**: Crear sistemas de recomendación para sitios web de e-commerce utilizando IA para personalizar la experiencia del usuario y aumentar las ventas, como los que usa Amazon para sugerir productos.

7. **Marketing Digital con IA**: Usar herramientas de IA para optimizar campañas de publicidad digital. Por ejemplo, Adext AI utiliza la inteligencia artificial para optimizar automáticamente el presupuesto de publicidad en diferentes audiencias.

8. **Creación de Contenido con IA**: Utilizar GPT-3 de OpenAI para generar contenido de blogs, artículos o incluso libros, que luego se pueden monetizar.

9. **Venta de Fotografías y Arte Generadas por IA**: Usar IA para crear arte único o fotografías y venderlas en plataformas como Shutterstock o Etsy.

Educación y Cursos en Línea: Ofrecer cursos sobre cómo utilizar herramientas de IA. Dada la creciente demanda de habilidades en IA, enseñar a otros cómo usar estas herramientas puede ser muy lucrativo.

10. **Productos de IA Personalizados**: Desarrollar productos personalizados utilizando IA para nichos específicos, como software de planificación de recursos empresariales (ERP) con IA para pequeñas y medianas empresas.

11. **Servicios de Consultoría de IA**: Asesorar a las empresas sobre cómo implementar soluciones de IA para mejorar sus operaciones y cobrar por el asesoramiento y la implementación de dichas soluciones.

12. **Stock Trading con IA**: Utilizar IA para analizar tendencias del mercado y tomar decisiones de inversión o desarrollar bots de trading que los demás puedan usar para invertir en la bolsa.

13. **Mejora de Productos con IA**: Incorporar IA en productos existentes para mejorar su funcionalidad, como aplicaciones de fitness que usan IA para personalizar rutinas de entrenamiento.

14. **IA en la Salud**: Desarrollar aplicaciones que usen IA para diagnosticar enfermedades o proporcionar asistencia sanitaria, como las apps que analizan las imágenes de resonancia magnética para detectar anomalías.

Cada una de estas ideas requeriría no solo habilidades técnicas para desarrollar soluciones basadas en IA, sino también un entendimiento del mercado objetivo y las necesidades específicas de los clientes o usuarios para crear una oferta viable comercialmente.

Conclusión

La travesía hacia la independencia económica a través de la innovación tecnológica es una combinación de comprensión, aplicación y transformación. A lo largo de este libro, hemos navegado por las aguas del conocimiento financiero básico, la importancia de la mentalidad y la disciplina, y la exploración de las nuevas tecnologías como la inteligencia artificial, la blockchain y el internet de las cosas. Hemos examinado cómo estas tecnologías están impactando las industrias, cambiando la naturaleza del trabajo y creando nuevas oportunidades de ingreso.

Hemos descubierto que la clave para alcanzar y mantener la independencia económica en esta era digital no solo radica en la adquisición de conocimientos, sino también en la adaptabilidad, la innovación y la diversificación. Estrategias como el freelancing, la creación de contenido en línea, el e-commerce y el marketing digital, así como las inversiones en criptomonedas, activos digitales y startups tecnológicas, han demostrado ser vitales en el camino hacia la libertad financiera.

Además, hemos subrayado la importancia de una mentalidad de crecimiento continuo, la construcción de una sólida red de contactos y la marca personal en línea. Estos elementos son esenciales para aprovechar las herramientas de automatización, la productividad y las estrategias de marketing digital que nos impulsan hacia nuestros objetivos. En la conclusión de nuestro viaje, resaltamos que la tecnología es tanto una herramienta poderosa como un desafío constante. La adaptación al cambio tecnológico y la sostenibilidad son cruciales para asegurar que no solo progresamos económicamente, sino que también contribuimos positivamente a la sociedad y al medio ambiente.

Finalmente, el mensaje central del libro es uno de empoderamiento: con la educación adecuada, las herramientas correctas y un enfoque estratégico, la independencia económica es una meta alcanzable. Nos despedimos con la certeza de que el lector no solo ha absorbido el conocimiento presentado, sino que también está preparado para aplicarlo, innovar y prosperar en la economía digital del futuro.

Resumen de los puntos claves del libro

Aquí tienes un resumen de los puntos clave abordados en el libro que guían hacia la independencia económica en la era de las nuevas tecnologías:

1. **Fundamentos Financieros**: La comprensión de conceptos básicos de finanzas como presupuesto, ahorro e inversión es esencial para establecer una base sólida para la independencia económica.

2. **Mentalidad y Disciplina**: La actitud correcta y la disciplina son tan importantes como el conocimiento financiero. La persistencia y la paciencia son fundamentales para alcanzar la independencia económica.

3. **Diversificación de Ingresos**: No depender de una única fuente de ingresos y explorar múltiples flujos como inversiones, freelancing y la creación de empresas propias.

4. **Tecnologías Emergentes**: Comprender y aprovechar tecnologías como IA, blockchain e IoT, que están redefiniendo industrias y creando nuevas oportunidades de negocio.

5. **Industrias Transformadas**: Identificar y entender cómo estas tecnologías están impactando diversas industrias, desde la financiera hasta la manufactura y los servicios.

6. **Estrategias de Marketing Digital**: Utilizar las herramientas digitales para promocionar productos y servicios de manera efectiva y alcanzar al público objetivo.

7. **E-commerce y Dropshipping**: Implementar negocios en línea para vender productos sin la necesidad de mantener inventario físico, reduciendo así los gastos operativos.

8. **Criptomonedas y Activos Digitales**: Invertir y comprender el mercado de las criptomonedas y otros activos digitales como una forma de diversificar el portafolio de inversiones.

9. **Plataformas de Crowdfunding e Inversión**: Utilizar plataformas de financiamiento colectivo para recaudar capital o invertir en proyectos con potencial.

10. **Startups Tecnológicas y Capital de Riesgo**: Explorar cómo las startups tecnológica pueden ofrecer altos retornos y cómo participar en ellas a través de la inversión de capital de riesgo.

11. **Innovación y Desarrollo de Productos**: La importancia de innovar y desarrollar productos que satisfagan necesidades del mercado de maneras nuevas y eficientes.

12. **Automatización y Productividad**: Implementar herramientas de automatización para mejorar la eficiencia en negocios y finanzas personales.

13. **Educación Continua**: Mantener un aprendizaje continuo, especialmente en áreas tecnológicas, para adaptarse a los cambios del mercado y aprovechar nuevas oportunidades.

14. **Redes y Marca Personal**: Construir y mantener una red de contactos sólida y desarrollar una marca personal fuerte en línea para aumentar las oportunidades profesionales y de negocio.

15. **Planificación y Objetivos**: Crear un plan de acción personalizado con metas claras y estrategias definidas para alcanzar la independencia económica.

16. **Adaptación al Cambio Tecnológico**: Mantener la flexibilidad y la disposición para adaptarse rápidamente a las nuevas tecnologías y a los cambios del mercado.

17. **Impacto Ético y Social**: Ser consciente del impacto social y ético de la tecnología y trabajar hacia soluciones que beneficien a la sociedad en general.

El libro tiene como objetivo ofrecer una guía integral para comprender y utilizar las nuevas tecnologías para alcanzar la independencia económica, mientras se subraya la importancia de un enfoque ético y sostenible en este empeño.

Motivación y llamado a la acción para los lectores.

Como último capítulo de nuestro libro, quiero dejarles una motivación y un llamado a la acción que sirva de puente entre el conocimiento adquirido y la aplicación práctica de este aprendizaje.

Motivación:

Ustedes, los lectores, están al borde de una era repleta de oportunidades sin precedentes. Las historias de éxito que han visto a lo largo de estas páginas no son inalcanzables; son testimonios reales de lo que la persistencia, el conocimiento y la adaptabilidad pueden lograr. La independencia económica es una posibilidad tangible en este mundo interconectado y tecnológicamente avanzado.

La tecnología ha democratizado el acceso a los mercados y ha nivelado el campo de juego de manera que ahora, más que nunca, el emprendedor individual tiene a su alcance herramientas poderosas para crear, innovar y prosperar. Con la guía proporcionada en este libro, están armados con las estrategias, los conocimientos y las herramientas necesarias para construir un futuro financiero sólido y sostenible.

Llamado a la Acción:

Ahora es el momento de actuar. No dejen que el impulso se desvanezca ni permitan que la duda les impida avanzar. Tomen ese primer paso hacia la creación de su marca personal, hacia la inversión en su primera criptomoneda, o hacia el lanzamiento de su emprendimiento en línea. Utilicen las redes para conectar con mentores y colegas, y nunca subestimen el poder de una comunidad de apoyo.

Fijen metas claras y revisen regularmente su progreso. La disciplina y la coherencia serán sus mejores aliados en este viaje. Y recuerden, la independencia económica no es simplemente un destino, es una forma de vida que exige aprendizaje continuo y adaptación constante. No hay mejor momento que el presente para comenzar a escribir su propia historia de éxito. Acepten los desafíos como oportunidades para crecer y recordad que cada pequeño paso los acerca más a su meta. La independencia económica espera, y ahora tienen las herramientas para alcanzarla. ¿Están listos para dar el salto?

Con estas palabras de aliento y una clara llamada a la acción, cerramos este libro, pero esperamos que sea solo el comienzo de su emocionante viaje hacia la independencia económica. ¡Adelante, el futuro es suyo!

Recursos adicionales y dónde obtener más información.

En su viaje hacia la independencia económica, es vital mantenerse informado y actualizado con los últimos desarrollos y tendencias. Aquí hay una lista de recursos adicionales donde pueden profundizar su conocimiento y mantenerse al tanto de las nuevas tecnologías y estrategias financieras:

Libros y Publicaciones:

- **"The Lean Startup"** de Eric Ries para emprendedores que buscan crear negocios ágiles y eficientes.

- **"Unshakeable"** de Tony Robbins para consejos prácticos sobre la inversión y la creación de riqueza.

- **"The Fourth Industrial Revolution"** de Klaus Schwab para entender el impacto de las nuevas tecnologías en la sociedad y la economía.

Publicaciones especializadas como **The Economist, Harvard Business Review, TechCrunch,** y **Wired** ofrecen análisis detallados sobre tecnología y negocios

Cursos Online:

- Plataformas como **Coursera, edX,** y **Udemy** ofrecen cursos sobre blockchain, inteligencia artificial, marketing digital y más.

- **Khan Academy** y **Investopedia** para conceptos básicos de finanzas y economía.

Podcasts y Canales de YouTube:

- **How I Built This** para historias inspiradoras de emprendedores.

- **TED Talks Technology** para ideas sobre el futuro de la tecnología y la innovación.

- Canales de YouTube como **GaryVee** para marketing y branding personal, o **Andreas M. Antonopoulos** para comprender las criptomonedas.

Foros y Comunidades:

- **Reddit** tiene comunidades como r/personalfinance, r/investing y r/entrepreneur que pueden ser recursos valiosos.

- **Quora** es útil para hacer preguntas específicas y obtener respuestas de expertos.

Herramientas de Análisis y Noticias:

- **Google Trends** para mantener un ojo en los temas emergentes y populares.

- **Crunchbase** para noticias e información sobre startups y fondos de capital de riesgo.

CoinMarketCap para seguir los precios y noticias de criptomonedas.

Redes Profesionales:

- **LinkedIn** no solo para networking sino también para su rico contenido en artículos y estudios de caso en una variedad de industrias.

- **AngelList** para aquellos interesados en startups y oportunidades de inversión en este sector.

Documentales y Series:

- **"Explained"** en Netflix para episodios cortos sobre diferentes aspectos del mundo moderno, incluyendo criptomonedas y la bolsa de valores.

- **"The Social Dilemma"** para comprender el impacto de las redes sociales en la sociedad y los negocios.

Blogs y Newsletters:

- **Seth Godin's Blog** para consejos sobre marketing y negocios.

- **Fred Wilson's AVC** para perspectivas de un inversionista de capital de riesgo.

- Newsletters como **Morning Brew** o **The Hustle** para actualizaciones diarias en negocios y tecnología.

Certificaciones y Talleres:

- Organizaciones profesionales como **CompTIA** o **Cisco** para certificaciones en TI y redes.

- Talleres de **General Assembly** o **Meetup** grupos para conexiones locales y habilidades prácticas.

Este listado puede servir como un punto de partida, pero recuerden que la curiosidad y la iniciativa individual son las que marcarán la diferencia en su camino.

Breve reseña del creador de este libro

Ricardo E. Granja Aguilar es un apasionado economista cuyo viaje personal refleja la riqueza de experiencias que conforman su visión única del mundo financiero. Nacido bajo el sol caribeño de la Habana, Cuba, un 4 de febrero de 1967, Ricardo se sumergió en el mundo de la economía desde joven, forjando sus conocimientos en la venerable Facultad de Economía de la Universidad de La Habana.

Con un espíritu inquieto y una mente abierta, Ricardo expandió sus horizontes en México, una tierra que le brindó nuevas perspectivas y aprendizajes tomando varios cursos de marketing y gestión de ventas. Durante cinco años, se nutrió de la cultura y los negocios mexicanos, lo que añadió profundidad y versatilidad a su entendimiento económico.

El año 2013 marcó un nuevo capítulo en su vida cuando decidió emprender el camino hacia el sueño americano. En los Estados Unidos, Ricardo continuó su búsqueda incansable de conocimiento y superación, una travesía que no sólo lo ha enriquecido a nivel profesional, sino que también le ha permitido tejer una historia de perseverancia.

A través de las páginas de este libro, Ricardo comparte no solo estos consejos Básicos, sino también su compromiso inquebrantable con la superación personal. Con cada capítulo, nos invita a ser coautores de nuestro propio sueño, aprovechando las nuevas tecnologías para construir una independencia económica que resuena con los valores de libertad y auto-realización.

www.ingramcontent.com/pod-product-compliance
Lightning Source LLC
Chambersburg PA
CBHW072313290526
45794CB00002B/636